Reparaciones electrónicas

Reparaciones electrónicas

Pier Ciccariello

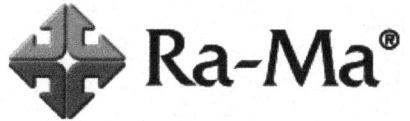

La ley prohíbe
fotocopiar este libro

Reparaciones electrónicas
Thema: UKR - Mantenimiento y reparación
Bisac: TEC061000
© Pier Ciccariello
© De la edición: Ra-Ma 2024

Edición original publicada por Six Ediciones. Ciudad Autónoma de Buenos Aires, Argentina.
Título original: Reparaciones electrónicas Vol. 1, Vol. 2
Colección: USERS ebooks
Derechos Reservados © Six Ediciones. Ciudad Autónoma de Buenos Aires, Argentina.

Editado por:
RA-MA Editorial
Calle Jarama, 3A, Polígono Industrial Igarsa
28860 PARACUELLOS DE JARAMA, Madrid
Teléfono: 91 658 42 80
Fax: 91 662 81 39
Correo electrónico: *info@grupoeditorialrama.com*
Internet: *www.ra-ma.es* y *www.ra-ma.com*
ISBN impreso: 978-84-1018-171-7
Depósito legal: M-7803-2024
Maquetación: Antonio García Tomé
Diseño de portada: Antonio García Tomé
Filmación e impresión: Safekat
Impreso en España en marzo de 2024

ÍNDICE

ACERCA DEL AUTOR

Pier Ciccariello es emprendedor, técnico en informática y redes.

Comenzó sus estudios de informática en 1995, momento desde el cual no ha dejado de aprender de un mundo tecnológico en permanente cambio y renovación.

Trabajó durante varios años en el área de departamento técnico, brindando soporte a particulares y empresas del sector, mientras se dedicaba a impartir clases de Arquitectura de Sistemas y Mantenimiento Informático en la carrera de Analista de Sistemas de varias academias.

Actualmente tiene su propio emprendimiento de informática, el cual se dedica a la integración de diversas tecnologías para brindar soluciones a sus clientes.

PRÓLOGO

El trabajo en departamento técnico suele incluir diferentes reparaciones a nivel electrónico. Existen casos en los que reemplazando componentes de un par de dólares logras volver a hacer funcionar dispositivos un valor muchísimo mayor, por lo que es un conocimiento nada despreciable dentro del rubro de reparación de computadoras.

Con esta colección, asegúrate el conocimiento que te permitirá darles una segunda vida a componentes que antes considerabas chatarra.

SOBRE ESTA OBRA

En esta colección aprenderás a reparar una computadora a nivel electrónico, diagnosticar cada componente y encontrar fallos puntuales en cualquier dispositivo. Conocerás el funcionamiento y la interacción de las distintos elementos que forman un circuito electrónico.

▶ **Parte 1:** verás conceptos de electrónica básica, cuáles son y cómo funcionan los diferentes componentes que integran todo dispositivo electrónico y cómo interactúan entre sí. Aprenderás a utilizar la estación de soldar para reemplazar componentes dañados, tanto convencionales como SMD, y conocerás cómo tomar lecturas con el multímetro para diagnosticar averías y repararlas.

▶ **Parte 2:** profundizarás los conocimientos adquiridos en el anterior, centrándote en casos de reparaciones prácticas que ocurren en los diferentes dispositivos electrónicos que tiene una computadora. Apréderás a utilizar un osciloscopio para ayudarte a obtener diagnósticos avanzados que te permitirán conocer el estado de ciertos componentes.

Parte 1

Electrónica
Esquemáticos
Reparaciones

1

ELECTRÓNICA

Si deseas profundizar en la reparación de computadoras a nivel electrónico, deberás conocer el funcionamiento de los diversos componentes que integran un circuito y la forma en la que se comunican entre ellos. También tendrás que obtener práctica en el uso de múltiples herramientas, como multímetro, osciloscopio y estación de soldar, que son las que definirán si tu trabajo es un éxito o un rotundo fracaso.

1.1 EL CIRCUITO ELECTRÓNICO EN UNA COMPUTADORA

Posiblemente habrás escuchado hablar de dos ramas de la electrónica, la analógica y la digital; en esta última categoría se encuentran los diversos circuitos que integran una computadora.

A modo informativo, la diferencia entre un tipo de electrónica y otra es que, en la analógica, la información es transmitida mediante pulsos eléctricos, mientras que en la digital, todo se transmite como ceros y unos. En la electrónica analógica se manejan ondas senoidales, que muestran distintos valores en cada momento del tiempo. En electrónica digital, por el contrario, las ondas son cuadradas, y presentan el valor uno en su pico alto y el valor cero cuando no hay voltaje. Dentro de la electrónica digital encontrarás los llamados **estados discretos**, lo que significa que el cable o pista electrónica puede estar en su pico alto (con voltaje) o en su pico mínimo (sin voltaje). En la analógica, ese mismo cable o pista puede contener un rango de valores diferentes.

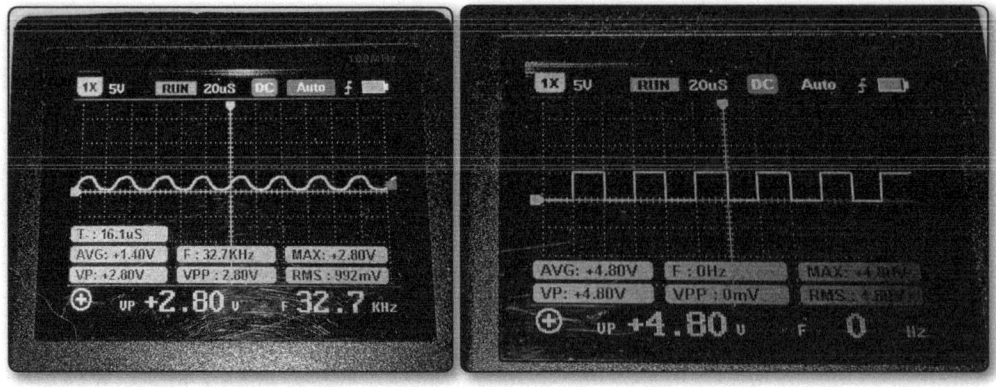

Figura 1.1. A la izquierda, una señal analógica con su forma de onda senoidal. A la derecha, ondas rectas que representan estados lógicos en una señal digital.

De esta manera, en los circuitos de una computadora habrá dos estados discretos, también llamados **estados lógicos**, definidos por el voltaje en un momento dado. En su estado lógico bajo, el voltaje será de 0 V (también referenciado como tierra, ground o GND), y en su estado lógico alto, el valor será definido por el voltaje que deba manejar ese circuito. Es decir, en circuitos en los que normalmente deban circular 3 V, si no hay voltaje, se dirá que ese pin o conductor se encuentra en estado lógico bajo; y si circulan 3 V, se dirá que tiene un estado lógico alto. Si ese circuito funcionara normalmente con otros voltajes, esos valores indicarían el estado alto.

Dado que en esta forma de trabajar solo se admiten dos estados, estos también pueden referenciarse de muchas maneras, como 0 y 1, false y true, off y on, bajo y alto.

Esta, por cierto, es la base del código binario: si por un conductor eléctrico en un momento dado no fluye voltaje, se lo considera como un 0, y si fluye voltaje, como un 1.

Dicho sea de paso, los módulos de memoria trabajan con celdas que se energizan para representar el valor 1, en tanto que si permanecen apagadas representan el valor 0.

Cada uno de estos valores se denomina bit, y es la unidad de medida más baja de la información en una computadora. Para formar una letra, número o cualquier carácter representable en la pantalla, se utilizan 8 de estos bits, en diferentes combinaciones.

Hasta ahora, has visto en esta obra cuáles son los principales componentes electrónicos y has aprendido a tomar ciertas mediciones en cada uno de ellos valiéndote del multímetro.

Pero lo cierto es que los componentes electrónicos no funcionan de modo independiente, sino que trabajan en conjunto con otros elementos, formando lo que se conoce como un circuito. Midiendo componentes por separado, podrás reparar un fallo específica, pero por lo general, cuando se daña un equipo, habrá más componentes afectados, con lo cual resulta vital conocer la manera en que estos interactúan para comprender cómo debería funcionar lo que pretendes reparar.

Además, si reemplazas un elemento quemado pero hay otros con problemas, posiblemente vuelvas a dañar el que acabas de reemplazar.

Figura 1.2. En dispositivos como las fuentes de alimentación ATX de los equipos de escritorio, podrás encontrar los componentes de agujero pasante; son los convencionales, mantenidos en ese formato debido a su mejor capacidad para disipar calor.

Los circuitos que componen los diversos elementos de una computadora (placa madre, tarjeta de video, módulos de memoria RAM, discos M.2 e, incluso, las placas controladoras de los discos duros, ya sean sólidos o mecánicos) están soldados sobre una placa formada por varias láminas de materiales conductores y no conductores, conocida como PCB (*Printed Circuit Board*, placa de circuito impreso). Esta placa actúa como un completo sistema de cables que interconecta todos los componentes, los alimenta y transporta la información de un sitio a otro. Cada PCB puede tener más de 10 capas alternadas de material conductor y aislante, para evitar que las partes conductoras de una capa entren en contacto con las de otra. En algunos sitios se conecta una capa con otra generalmente en el punto de tierra, donde todos los circuitos convergen, pero esto solo ocurre en puntos muy específicos.

El circuito electrónico también se compone de diferentes tipos de elementos electrónicos, como **semiconductores**, **elementos activos** y **elementos pasivos**; todos ellos se combinan para manipular el camino que seguirá un voltaje. Una de las características de todo circuito electrónico es que los electrones que forman el flujo eléctrico deben recorrer todo el circuito y llegar a su punto de origen (por este motivo se lo denomina circuito).

Figura 1.3. En la mayoría de los dispositivos electrónicos modernos, se utilizan componentes SMD que se sueldan en una sola cara de la PCB y pueden medir pocos milímetros.

Los circuitos electrónicos están compuestos por tres elementos:

▸ **Fuente de energía**: es la encargada de brindar la alimentación al circuito; también se la conoce como fuente de alimentación.

▸ **Carga de trabajo**: cada paso que se ejecuta en el circuito tiene su consumo eléctrico; la energía es transformada en cada una de sus partes. Esta carga suele ser la propia combinación de componentes del circuito (condensadores, resistencias, etc.).

▸ **Trayectoria de la energía**: en todo circuito, la carga eléctrica debe seguir una ruta establecida desde la fuente de voltaje, pasando por toda la carga para luego regresar por el otro polo a la fuente.

1.2 USO DE ESQUEMÁTICOS Y HOJAS DE DATOS

A simple vista, con el paso del tiempo y la adquisición de práctica, serás capaz de reconocer etapas de un circuito dados los componentes electrónicos que utiliza en su funcionamiento. También aprenderás a seguir las pistas de la PCB que los unen y sabrás cómo interactúa cada parte con la otra. Pero cada vez que puedas, debes valerte de un importante aliado: los esquemas y hojas de datos de componentes electrónicos y de dispositivos electrónicos.

Como primer concepto, debes saber que cada componente electrónico tiene una serie de parámetros de funcionamiento que el fabricante incluye en lo que se conoce como datasheet u hoja de datos del componente. Esto te permitirá obtener valiosa información que podrás utilizar a la hora de diagnosticar y reparar un fallo electrónica del dispositivo que sea.

Tal vez en más de una oportunidad no consigas el componente necesario y debas utilizar uno similar como reemplazo. El hecho de tener los datasheets de ambos componentes te permitirá saber si su funcionamiento es similar y cómo su intercambio podría afectar al circuito en general. Esto no es válido, por ejemplo, en circuitos integrados de gran complejidad, ya que en ellos, cada una de las terminales de contacto tiene una función específica que no puede realizar otro elemento; pero sí te servirá en aquellos casos en que debas reemplazar un diodo o un mosfet y no tengas el modelo original a mano.

Para obtener esquemas tanto de componentes como de equipos puedes realizar búsquedas en Internet. Hay sitios web gratuitos, algunos de pago e incluso programas actualizados permanentemente donde podrás acceder a planos y esquemas de los equipos actuales.

Para buscar hojas de datos de componentes, puedes basarte en la numeración impresa en ellos, que suele ser única para cada elemento. También ayudará mucho en la búsqueda si sabes qué clase de componente es además de su modelo impreso. Y también te facilitará el proceso saber que muchos componentes tienen impreso el logo de su fabricante, con lo cual podrás distinguirlos de otros. Para encontrar la hoja de datos del componente que necesites, ingresa los datos seguidos de la palabra datasheet en un buscador web; si añades a la búsqueda PDF, obtendrás un modelo más ordenado y oficial del datasheet, que podrás leer con Acrobat Reader. Ten en cuenta que el mismo código puede ser empleado para más de un tipo de componente, por lo que corrobora que se trate del correcto (**Figura 1.4.**).

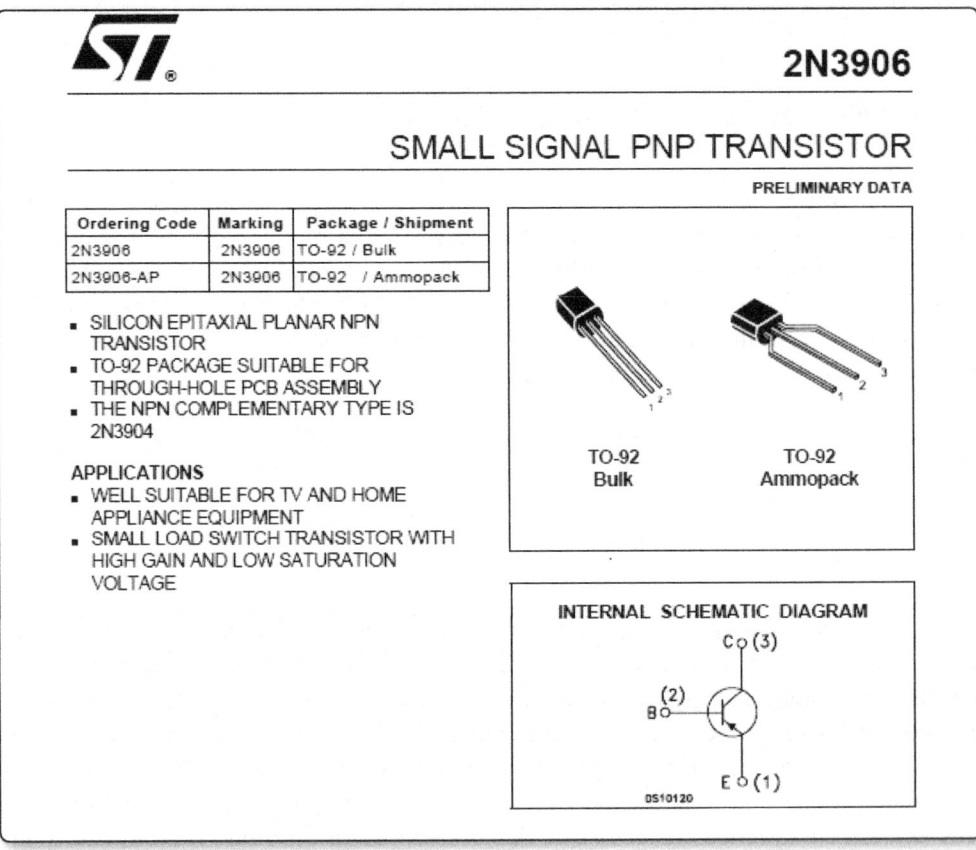

Figura 1.4. Entre otra información, los datasheets contienen el voltaje de trabajo del componente y la función de cada una de sus terminales.

A la hora de identificar un componente SMD, verás que muchos fabricantes incluyen leyendas impresas en la PCB, con una letra y uno o varios números. La letra indica de qué clase de componente se trata, y el número sirve para diferenciarlo de otros similares. Por ejemplo, R54 indica que es la resistencia 54 del circuito. Otros códigos de componente son:

- ▶ C = Condensador
- ▶ F = Fusible
- ▶ D = Diodo
- ▶ Y = Transistor
- ▶ L = Bobina
- ▶ Y = Oscilador de cristal
- ▶ SW = Pulsador
- ▶ Q = Transistor o mosfet
- ▶ U = Circuito integrado o regulador

En algunos casos, verás que el tipo de componente en la impresión de la PCB está precedido por la letra P; esto indica que ese componente está trabajando en una zona de potencia, o sea, en la parte de alimentación del circuito.

Cuando no hay mucho espacio libre para la serigrafía o cuando hay muchos componentes juntos, los fabricantes los rodean con una línea y dibujan ese contorno en una zona más libre de la hoja, donde colocan las referencias correspondientes.

Finalmente, para entender qué es lo que vas a reparar, debes conseguir el diagrama del circuito, ya que este contiene muchísima información que te facilitará el diagnóstico.

En la lectura de un esquemático electrónico, ten en cuenta que cada placa madre, tarjeta de video u otro componente que intentes reparar no está diseñado por la misma persona, de modo que aunque existen configuraciones similares y circuitos que funcionan ensamblados de la misma forma, cada dispositivo tiene sus particularidades, y la interpretación del esquemático requiere experiencia.

En los esquemáticos de equipos, como una placa madre o una tarjeta de video, es normal que no entre todo el esquema en una única página debido a la complejidad del circuito y a la cantidad de elementos necesarios. En esos casos, es habitual que el esquemático se divida en bloques: el esquema de circuitería dedicado a la memoria RAM, el del bus PCI-e, y así sucesivamente.

Un sistema que puedes utilizar para la lectura de planos esquemáticos es boardview. Se denomina así a una serie de archivos que contienen información esquemática detallada de cada marca y modelo. Algunos se especializan en notebooks, otros en telefonía móvil, y otros en motherboards y tarjetas de video. Los archivos de datos de cada dispositivo suelen tener las siguientes extensiones: **.asc**, **.bdv**, **.brd**,

.bv, **.cad**, **.cst**, **.gr**, **.f2b**, **.fz**, entre otras y contienen información de voltajes, tipos de componentes, referencias y mucho más.

Acerca de este tipo de archivos, existen varios fabricantes de esquemáticos, cada uno con sus propias opciones, algunos de pago y otros gratuitos, así como muchos esquemáticos por separado en formato PDF. Dentro de los gratuitos, puedes elegir opciones como **BoardViewer**, descargable desde *http://boardviewer.net*. Luego de descargar e instalar el programa, deberás buscar en Internet el archivo esquemático que necesites. Si vas a dedicarte a la reparación, quizá sea buena idea adquirir membresía en alguna web exclusiva para la venta de esquemáticos en determinada área. De lo contrario, deberás ir consiguiéndolos de a poco, para armar tu propia biblioteca de esquemáticos ordenados por marca y modelo para futuras referencias.

Ten en cuenta que, al buscar esquemáticos, además de la marca y el modelo del dispositivo que intentes reparar, deberás incluir su versión o revisión, ya que esta varía entre la misma marca, donde se omiten componentes para abaratar los costos de fabricación. La marca y el modelo están impresos en la PCB de lo que estés intentando reparar.

Para buscar un esquemático, es recomendable hacerlo en inglés usando la palabra **schematic** seguida de la marca, modelo y versión.

Un aspecto muy importante que encontrarás en un esquemático, que ya se ha mencionado en esta obra anteriormente, es la secuencia de arranque o secuencia de inicio. Este es un punto fundamental, ya que cada dispositivo electrónico inicia sus diferentes partes en etapas, haciendo una validación previa de la etapa anterior, de forma que sabiendo hasta dónde se alcanzó la secuencia de arranque, podrás aislar el fallo y detectar su origen.

Por lo general, al inicio de los esquemáticos de un dispositivo suele haber un diagrama indicando cómo se interconectan las diferentes etapas; un poco más adelante aparece la secuencia de arranque. Luego, siguiendo el propio diagrama de bloques, se detalla cada parte de los diferentes circuitos que integran el dispositivo.

Para leer un esquemático, ten en cuenta que cada fabricante sigue su propio criterio para llamar, por ejemplo, a las diferentes líneas de alimentación o de datos. Algunos suelen referenciar el voltaje de entrada por su propio valor, por ejemplo, **12v**, mientras otros lo llaman **VIN**, **PWR_SRC**, **B+**, **DCBATOUT**, etcétera.

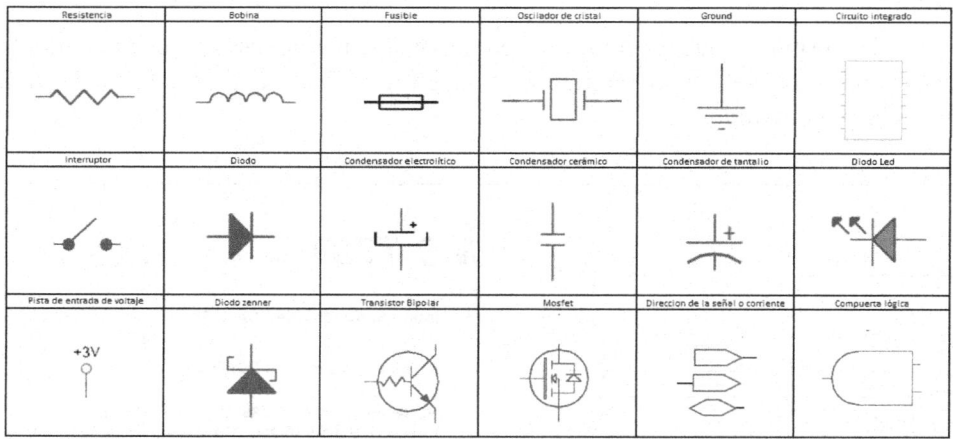

Figura 1.5. Cada componente electrónico está representado mediante un símbolo en el esquema, de modo que podrás saber qué elementos componen el circuito.

Otro punto que debes conocer es que los esquemáticos en ocasiones son usados para varias revisiones del mismo dispositivo y muchas veces hay componentes que fueron planificados en el esquema pero que en esa versión no se incluyeron físicamente en el dispositivo, por lo que podrás verlos referenciados con la leyenda **OPEN, *, @, /X, NOSTUFF, NO_ASM_DY**, etc.

En muchos casos, en los diagramas hay flechas que indican la dirección de una señal o voltaje; esta puede ser unidireccional o bidireccional si se mueve en ambas direcciones.

1.2.1 Lectura de un esquemático

Dado que cada esquemático es un mundo en sí mismo, no es posible abarcarlos todos, pero sí, hacer una recorrida por los elementos generales que lo componen y mostrar cómo se interpretan. Para ayudarte a buscar un componente específico que necesites, recuerda que todos los programas (ya sea uno exclusivo para leer boardviews o un lector de archivos PDF) tienen una función de búsqueda en la que podrás indicar la referencia al componente impreso en la PCB del elemento dañado para que se muestren todos los resultados.

PASO 1

Lo primero que encontrarás en un esquemático es un resumen de las características del producto; en algunas marcas se incluye una foto. También verás una tabla de contenidos.

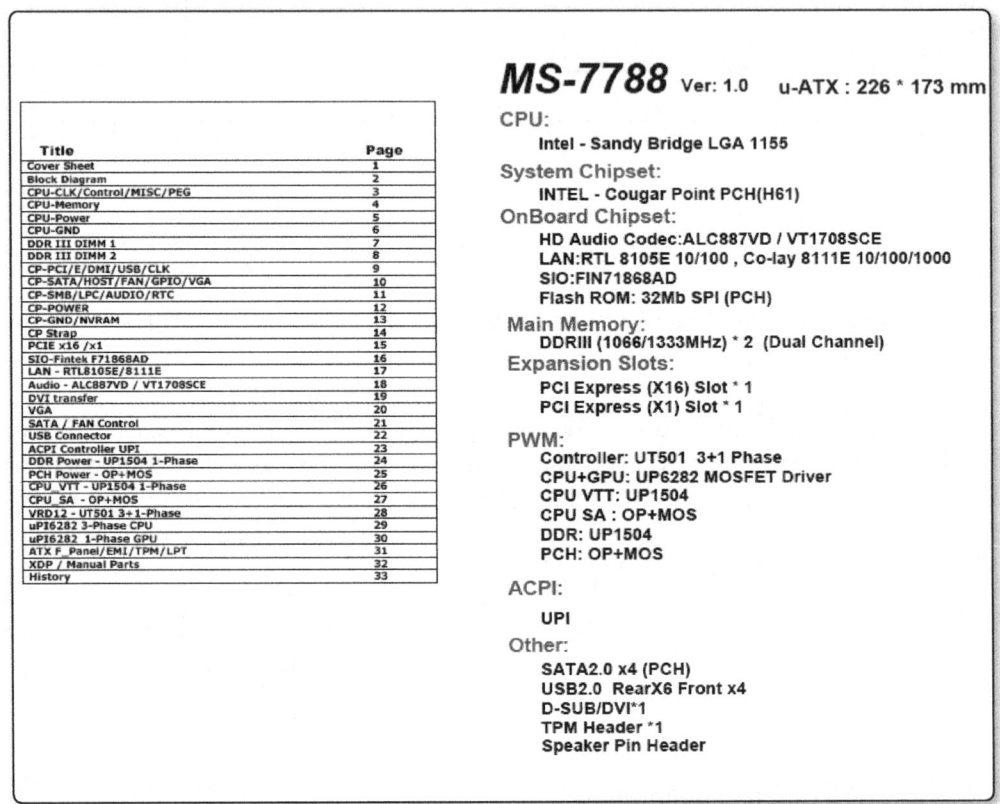

MS-7788 Ver: 1.0   u-ATX : 226 * 173 mm

CPU:
  Intel - Sandy Bridge LGA 1155

System Chipset:
  INTEL - Cougar Point PCH(H61)

OnBoard Chipset:
  HD Audio Codec:ALC887VD / VT1708SCE
  LAN:RTL 8105E 10/100 , Co-lay 8111E 10/100/1000
  SIO:FIN71868AD
  Flash ROM: 32Mb SPI (PCH)

Main Memory:
  DDRIII (1066/1333MHz) * 2 (Dual Channel)

Expansion Slots:
  PCI Express (X16) Slot * 1
  PCI Express (X1) Slot * 1

PWM:
  Controller: UT501 3+1 Phase
  CPU+GPU: UP6282 MOSFET Driver
  CPU VTT: UP1504
  CPU SA : OP+MOS
  DDR: UP1504
  PCH: OP+MOS

ACPI:
  UPI

Other:
  SATA2.0 x4 (PCH)
  USB2.0 RearX6 Front x4
  D-SUB/DVI*1
  TPM Header *1
  Speaker Pin Header

PASO 2

Lo siguiente suele ser un diagrama de bloques indicando cómo interactúa cada bloque o etapa del dispositivo con los demás.

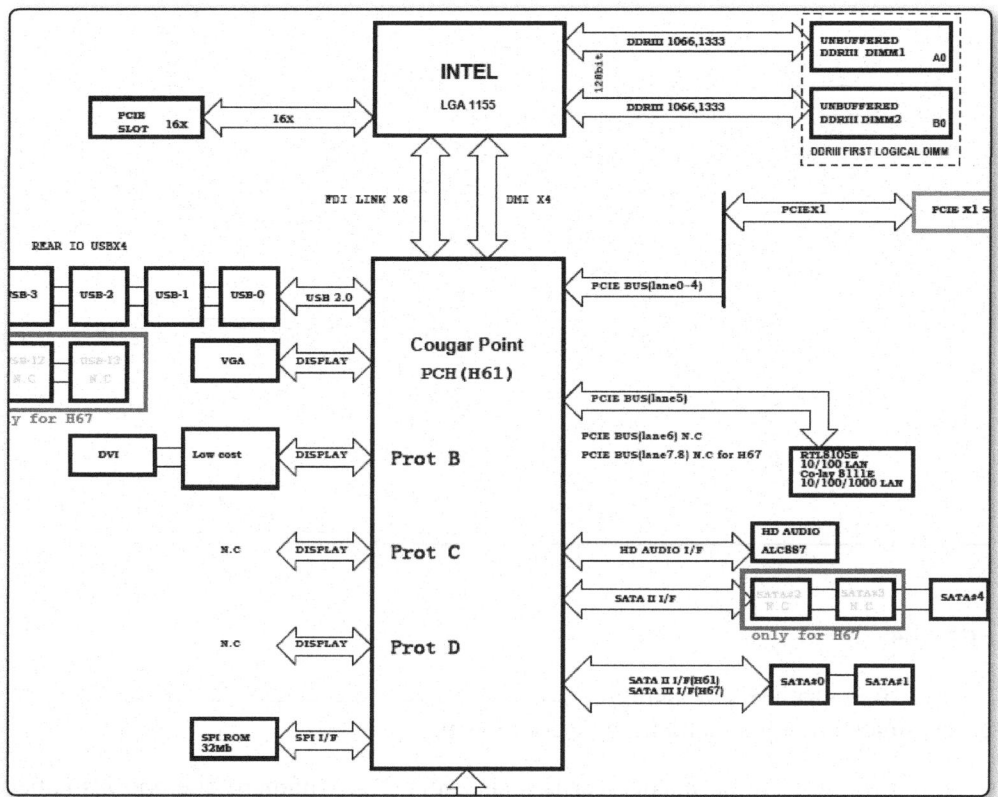

PASO 3

Dependiendo del dispositivo que estés leyendo, es común, sobre todo en tarjetas de video y placas madre, que las GPU y CPU, al tener tantos pines de conexión, no se muestren todas en el mismo dibujo, sino que se presente un dibujo por cada grupo de funciones relacionadas entre sí. También ten en cuenta que no necesariamente se dibujará en un esquemático la verdadera forma del chip.

Las flechas rojas indican si la señal entra o sale de la CPU por los pines de conexión; también verás pines que manejan entradas y salidas de datos dependiendo de la situación.

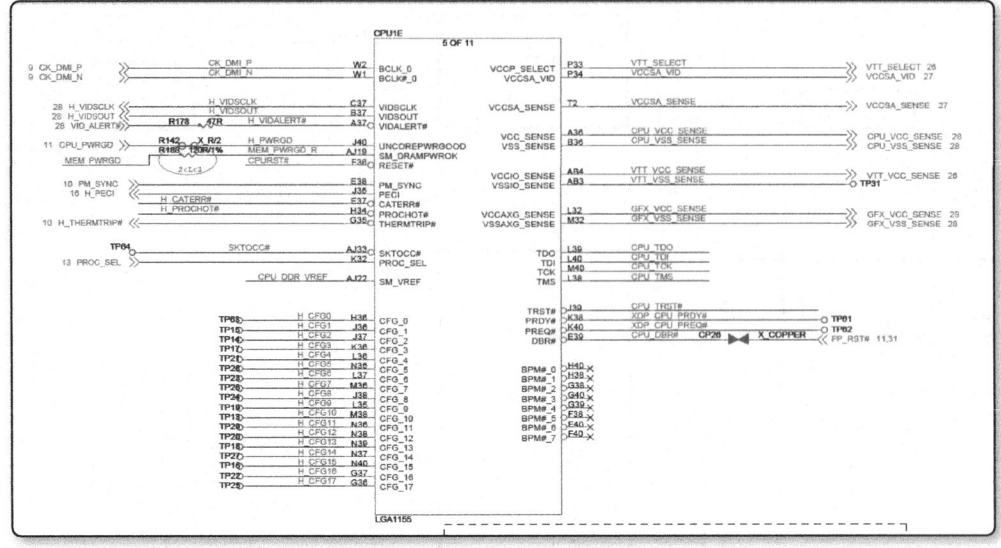

PASO 4

Si sospechas, por ejemplo, que una resistencia está dañada, puedes buscarla en el esquemático por su número de componente.

En este ejemplo puedes ver la resistencia R149 (número que podrías haber leído en la PCB).

En el esquemático se muestra el número y también el valor de la misma; en este caso es de 1K (1.000 Ohmios) y con una tolerancia del 1%. También puedes ver que una terminal de esta resistencia va conectada a **GROUND** (tierra).

El punto rojo de la otra terminal de la resistencia es lo que se denomina un nodo e indica que la resistencia está soldada a una pista referenciada por la línea que corre por encima de la resistencia llamada **H PWRGD**. Esta referencia sigue en otra página del esquemático, pero por motivos de espacio no se incluyó en esa parte. Lo mismo ocurre con las resistencias que se muestran abajo; puedes ver escrito en rojo que continúan hacia líneas de la CPU llamadas **TDO**, **TDI**, **TMS**, **TCK** y **TRST#**.

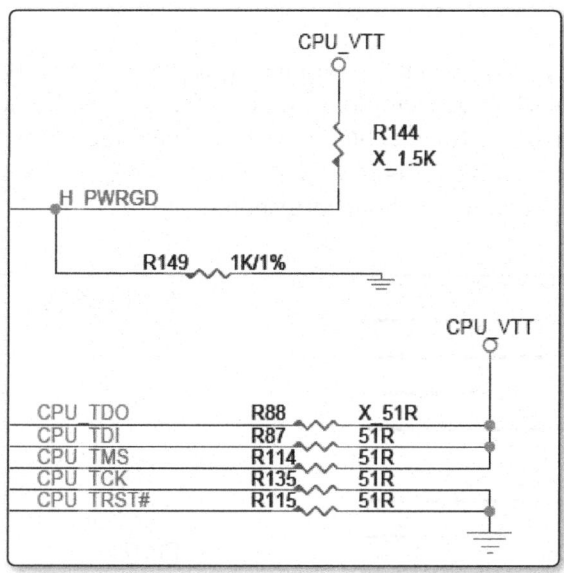

PASO 5

En muchos sitios encontrarás que las líneas tienen un punto de nodo indicando que están soldadas a una pata o terminal de un componente. Si no lo tienen, no implica necesariamente que se unan; y si tienen un salto en la línea, significa que no lo hacen.

C348	0.22u16X5/4	EXP_A_TXN_6_C	B42	HSON6	GND
			B43	GND	HSIP6
			B44	GND	HSIN6
C349	0.22u16X5/4	EXP_A_TXP_7_C	B45	HSOP7	GND
C350	0.22u16X5/4	EXP_A_TXN_7_C	B46	HSON7	GND
			B47	GND	HSIP7
			B48	PRSNT2##B48	HSIN7
			B49	GND	GND
C351	0.22u16X5/4	EXP_A_TXP_8_C	B50	HSOP8	RSVD#A50
C352	0.22u16X5/4	EXP_A_TXN_8_C	B51	HSON8	GND
			B52	GND	HSIP8
			B53	GND	HSIN8
C353	0.22u16X5/4	EXP_A_TXP_9_C	B54	HSOP9	GND
C354	0.22u16X5/4	EXP_A_TXN_9_C	B55	HSON9	GND
			B56	GND	HSIP9
			B57	GND	HSIN9
C355	0.22u16X5/4	EXP_A_TXP_10_C	B58		

PASO 6

En caso de que encuentres un componente dañado, podrás conocer sus datos y buscar un reemplazo. Por ejemplo, el diodo referenciado como **D12** en la placa madre se nota quemado. Utiliza el buscador del esquemático para localizarlo y verás su número (en este ejemplo, 1N4148W). Con ese dato busca en Internet junto a la palabra **datasheet** y descarga la hoja correspondiente.

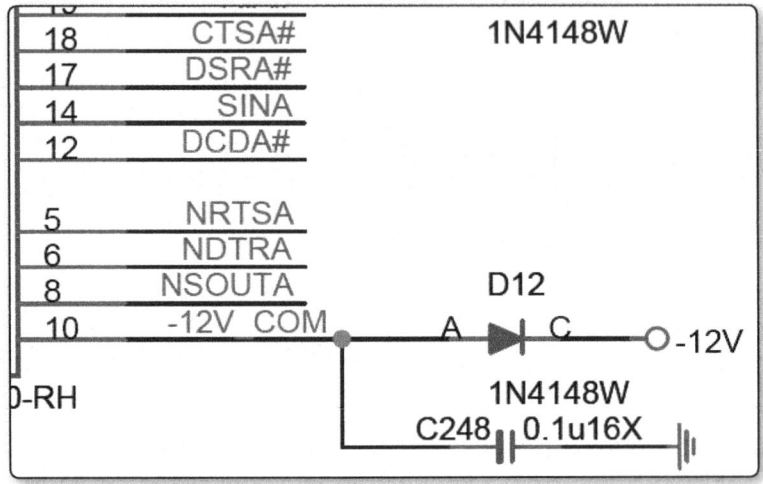

PASO 7

En el datasheet del componente podrás obtener bastante información sobre él. Siguiendo el mismo ejemplo del diodo, lo primero que se indica es que soporta 100 voltios en un máximo de 500 miliamperes. Esto significa que, polarizado inverso (es decir, cuando no permite el paso de la corriente), el diodo soportará como máximo esos valores. Si se superan, dejará de actuar como un diodo y permitirá que la corriente fluya en el sentido que se pretendía evitar.

Otro dato interesante es que muchos datasheets incorporan los datos de más de un modelo en caso de ser compatibles. En este ejemplo, al realizar la búsqueda por el 1N4148W, también se muestran los datos del 1N4448W; como verás, son muy similares entre sí, de modo que si no consigues el que debería ir, el otro modelo te servirá como reemplazo.

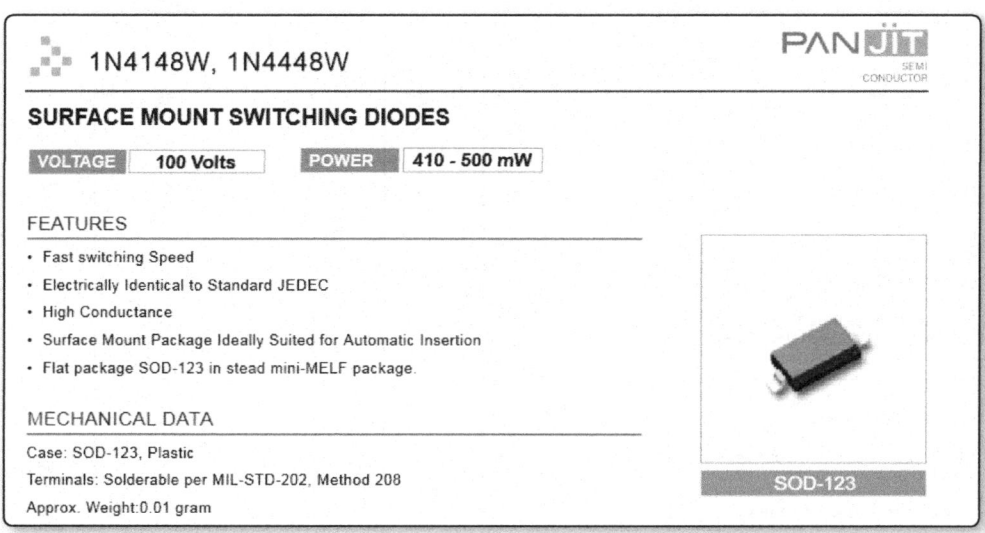

PASO 8

También puedes obtener más información en la hoja de datos de los componentes. Los más importantes son: **Reverse Voltage** es el voltaje polarizado inverso que soportaría y es de 75 V; **Peak Reverse Voltage** es el pico máximo que ese componente soportaría y marca 100 V; **Maximun Average Forward Current** indica la corriente máxima en polarización directa que el diodo es capaz de resistir, un promedio de 150mA; **Maximun Forward Voltage** es el consumo del propio componente, que en este caso es de 1 V, o sea que al voltaje de trabajo de ese circuito el trabajo del diodo le restará 1 V en su consumo máximo (el consumo del diodo aumenta o disminuye dependiendo de la corriente que pase por él).

PARAMETER	SYMBOL	1N4148W	1N4448W	UNITS
Reverse Voltage	V_R	75	75	V
Peak Reverse Voltage	V_{RM}	100	100	V
Maximum RMS Voltage	V_{RMS}	50	50	V
Maximum DC Blocking Voltage	V_{DC}	75	75	V
Maximum Average Forward Current at Ta=25ºC	I_{AV}	150	150	mA
Peak Forward Surge Current, 8.3ms single half sine-wave superimposed on rated load (JEDEC method)	I_{FSM}	2.0	4.0	A
Power Dissipation Derate Above 25ºC	P_{TOT}	410	500	mW
Maximum Forward Voltage @I F=10 mA @I F=5 mA	V_F	1.0 -	1.0 0.72	V
Maximum DC Reverse Current at Rated DC Blocking Voltage TJ= 25ºC	I_R	2.5	2.5	µA
Typical Junction Capacitance(Notes1)	CJ	4.0	4.0	pF
Maximum Reverse Recovery (Notes2)	T_{RR}	4.0	4.0	ns
Maximum Thermal Resistance	RθJA	450	450	ºC / W

PASO 9

Cuando en un integrado encuentras terminales cuyo nombre comienza con la letra V (como **VCC** o **VIN**), significa que esos pines son líneas de alimentación del integrado. El número al lado del pin del integrado es su número de terminal. Como podrás ver, los pines encargados de realizar cierta función no suelen ser correlativos, pero a los efectos prácticos, en el esquema se muestran de esa forma. Si sigues una terminal del integrado de alimentación, verás que finaliza en un círculo con el mismo nombre; esto indica que esa terminal va conectada a una fuente de alimentación. Por ejemplo, este es el caso del pin 4 en la imagen, llamado **3VCC**. Al seguir su camino, verás que termina en un círculo denominado **VCC3**; esto no indica que la pista finaliza ahí, sino que va conectada a una pista de mayor tamaño que suministra el voltaje de trabajo del componente. Las pistas **GND** son las de tierra y también se conectan a una tierra en común. Si existiera un cortocircuito en el componente, este presentaría una baja resistencia entre su entrada de voltaje y sus líneas de tierra, por lo que generaría temperatura debido a sobreconsumo, lo que sería capaz de carbonizar las pistas de la PCB y generar daños mayores al dispositivo. Para prevenir esta situación, se utilizan resistencias de bajo valor, como R8 en el pin 45 del integrado de la imagen. Esta resistencia, al ser de tan bajo valor, se cortaría frente a un cortocircuito, y así evitaría el ingreso de la corriente al integrado, actuando como un fusible y protección. También verás resistencias con un valor de cero Ohms. Son las llamadas resistencias de jumper o puente, ya que como no presentan resistencia al paso de la corriente, actúan como un simple pedazo de cable; no funcionan como un fusible, que es lo que hacen las de bajo valor en Ohms, por lo que es raro que estén abiertas. Este tipo de resistencia se utiliza en caso de que, para realizar mediciones, necesites aislar una parte del circuito del resto, a fin de determinar si un cortocircuito está en un área específica.

En estos casos, solo debes quitar la resistencia de jumper y tendrás dos segmentos separados del circuito. En muchas placas, también verás jumpers creados con una gota de estaño que unen dos pistas. Esto cumple la misma función que la resistencia de cero Ohms; si remueves el estaño, podrás realizar mediciones en dos puntos separados de la placa.

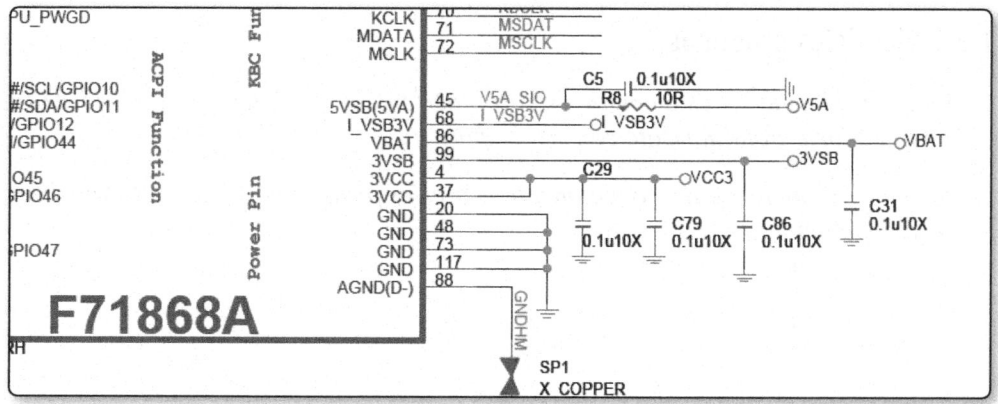

A modo de consejo, te ocurrirá más de una vez que no consigas el datasheet de un componente específico. Entonces, deberás valerte de placas viejas que tengan el mismo componente sano y te permitan medirlo o, incluso, utilizarlo como repuesto si no lo localizas en el mercado. Hay particulares y empresas que se dedican exclusivamente a la venta de piezas y componentes dañados, justamente, para este tipo de situaciones. Así tendrás de dónde sacar repuestos (solo como última instancia, lo ideal siempre es utilizar componentes nuevos) y realizar mediciones en otra placa.

1.3 ACTIVIDADES

A continuación verás las preguntas y los ejercicios que deberías saber responder y resolver para considerar aprendido el capítulo.

1.3.1 Test de autoevaluación

1. ¿Qué es un estado lógico?

2. ¿A qué se conoce como carga de trabajo de un circuito?

3. ¿Qué información contiene un datasheet y cómo puede ayudarte?

4. ¿Cuál es la diferencia entre un datasheet y un boardview?

5. ¿Qué significa si en la placa de un circuito un condensador tiene la letra P entre su referencia?

1.3.2 Ejercicios prácticos

1. Busca en Internet el esquemático de la placa madre y la tarjeta de video de tu computadora. Familiarízate con sus etapas.

2. Reconoce al menos cinco componentes en el esquemático y busca el datasheet correspondiente.

2

COMPONENTES

Es vital que seas capaz de reconocer cada componente electrónico al momento de ver la placa de circuito que quieres reparar. Pero también es importante que sepas su función así como el efecto que produce dentro del circuito electrónico, de modo que profundizaremos un poco más en cada uno de estos elementos.

2.1 FUNCIÓN DE LOS COMPONENTES

Debes saber que hay componentes conectados en paralelo y otros conectados en serie. Los que están en paralelo tienen una terminal conectada a la línea de ground o tierra, y la otra, a la línea de voltaje del circuito. Los que están conectados en serie tienen ambas terminales soldadas a la línea de voltaje. Por ejemplo, los condensadores suelen estar en paralelo, y las resistencias, en serie. Es importante conocer este dato porque un componente conectado en paralelo, al dañarse, puede ponerse en cortocircuito, ya que pasará a comportarse como un conductor eléctrico, y al tener una terminal en voltaje positivo y otra en tierra, hará que la corriente fluya en ese sentido. Por su parte, un componente en serie no podrá causar un corto ya que no tiene conexión a tierra; evidentemente, puede dañarse y fallar de otra forma pero no generar por sí mismo un cortocircuito, de modo que si detectas este tipo de problema en un componente en serie, el fallo no estará en él.

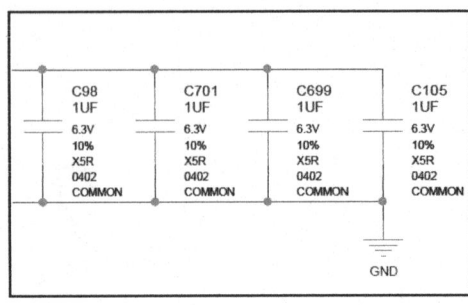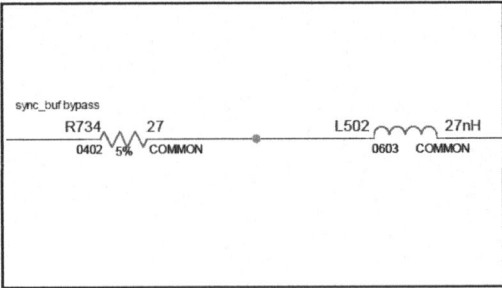

Figura 2.1. Representación esquemática de un componente conectado en paralelo (izquierda) y otros conectados en serie (derecha).

Cada vez que en un esquemático veas una línea de ground, significa que, físicamente, está interconectada con el resto de las líneas de ground, ya que todas comparten la misma línea. De la misma forma ocurre con las líneas conocidas como VIn (voltaje de entrada). Puedes tener varias referencias a ground y a VIn en un esquemático. Todas las ground se conectan a la parte negativa de la fuente de alimentación, y las VIn, a la parte positiva, aunque la fuente en sí no esté representada en el diagrama.

2.1.1 Resistencias

Vimos anteriormente que estos componentes se resisten al paso de la corriente dentro del circuito, es decir, reducen la corriente eléctrica en él. Por ejemplo, si en la entrada se reciben 3 A, podrás limitar el flujo eléctrico para hacer que esa parte del circuito reciba solo una fracción de esa potencia. La unidad de medida de la resistencia es el Ohm. En componentes de agujero pasante se utilizaba un código de barras dibujado sobre la propia resistencia.

En la electrónica aplicada a computadoras, solo encontrarás este tipo de componentes en las fuentes de alimentación, ya que en el resto de la circuitería se utiliza tecnología SMD.

Para saber el valor de una resistencia SMD, deberás tener en cuenta la numeración impresa en el componente. Es un número de tres dígitos: los dos primeros hacen referencia al valor, y el tercero indica la cantidad de ceros que se deben agregar a esos dos primeros números. A modo de ejemplo, si la resistencia dice 471, significa que es de 470 Ohms; si el impreso dice 102, se le agregan dos ceros a 10 y será de 1000 Ohms o, lo que es lo mismo, 1K (1000 Ohms o 1 Kilo Ohm).

Figura 2.2. Dependiendo del tipo de circuito, encontrarás resistencias del tipo SMD, que son rectangulares de color negro; o con tecnología de agujero pasante, que son cerámicas, tienen unas líneas de color que indican sus características y poseen terminales en forma de alambre.

En algunos casos, el valor de la resistencia será tan bajo que deberás emplear una coma decimal, que se expresa con la letra R, dado que un punto o una coma dibujado en un componente tan pequeño sería casi invisible. De esta forma, si el encapsulado de la resistencia indica 2R3, es de 2,3 Ohms; si la letra R está al comienzo de la nomenclatura, implica que el valor es inferior a 1 Ohm, por ejemplo, R47 equivale a 0,47 Ohms. Las resistencias convencionales suelen tener una tolerancia, es decir que no tienen un valor exacto sino que puede haber una leve variación. Para las SMD convencionales, la tolerancia es de 5%, por lo que una resistencia de 100 Ohms funcionará correctamente si genera entre 95 y 105 Ohms (**Figura 2.3.**).

También existe otro tipo de resistencia SMD cuya nomenclatura tiene cuatro dígitos. Los tres primeros corresponden al valor de la resistencia, y el último es la cantidad de ceros que se deben agregar. Por ejemplo, una resistencia de 47K tendrá impreso el valor 4702, una de 10 Ohms será 10R0 (10,0 Ohms).

La potencia que tiene una resistencia la determina su tamaño, lo cual, en el caso de las SMD, hará variar el tipo de encapsulado que se use.

Algunos circuitos deben manejar los voltajes con más precisión, por lo que se requieren resistencias con una menor tolerancia, por ejemplo, de 1%. Para este tipo de resistencias se utiliza una nomenclatura conocida como EIA-96, en la cual se emplean tres caracteres para referenciar el valor correspondiente. Los dos primeros son números que debes buscar en una tabla que indica el valor de la resistencia. El tercero es una letra que indica el multiplicador. A modo de ejemplo, una resistencia 23A será de 169 Ohms.

Código	Valor	Código	Valor	Código	Valor	Código	Valor
01	100	26	182	51	332	76	604
02	102	27	187	52	340	77	619
03	105	28	191	53	348	78	634
04	107	29	196	54	357	79	649
05	110	30	200	55	365	80	665
06	113	31	205	56	374	81	681
07	115	32	210	57	383	82	698
08	118	33	215	58	392	83	715
09	121	34	221	59	402	84	732
10	124	35	226	60	412	85	750
11	127	36	232	61	422	86	768
12	130	37	237	62	432	87	787
13	133	38	243	63	442	88	806
14	137	39	249	64	453	89	825
15	140	40	255	65	464	90	845
16	143	41	261	66	475	91	866
17	147	42	267	67	487	92	887
18	150	43	274	68	499	93	909
19	154	44	280	69	511	94	931
20	158	45	287	70	523	95	953
21	162	46	294	71	536	96	976
22	165	47	301	72	549		
23	169	48	309	73	562		
24	174	49	316	74	576		
25	178	50	324	75	590		

Z	0.001
Y or R	0.01
X or S	0.1
A	1
B or H	10
C	100
D	1000
E	10000
F	100000

Figura 2.3. La tabla EIA-96 se utiliza para conocer el valor de las resistencias que muestran solo dos números y una letra en su código. Los dos primeros dígitos indican el valor en una tabla, y la letra es el multiplicador.

Si una resistencia no tiene letras en su valor o tiene una R, pertenece al primer tipo; de lo contrario te encuentras ante una resistencia que utiliza la norma EIA-96. Esa es la forma de distinguirlas. Muchas veces, debido a su reducido tamaño, deberás trabajar con resistencias que no tienen nada grabado, con lo cual no conocerás su valor. Entonces, deberás medirlas valiéndote del multímetro. Recuerda que estos componentes no tienen polaridad, por lo que no importa dónde pongas cada punta del multímetro. Para obtener una lectura lo más exacta posible, lo ideal es tener al menos una terminal de la resistencia desoldada de la PCB.

Para conocer cómo afecta una resistencia al circuito, debes aplicar la ley de Ohm. Imagina que tienes un circuito con una entrada de voltaje de 5 V y 2 A de intensidad, con una resistencia de 10 Ohms. Quieres saber a cuánta intensidad fluye la corriente en ese circuito, para lo cual debes utilizar la pirámide de Ohm e ingresar los datos conocidos que te permitan calcular el faltante. Así obtendrás que, para esos valores, la corriente que fluye por el circuito es de 500 mili Amper. El resto del amperaje que entrega esa fuente de alimentación podrá ser utilizado por los demás circuitos del equipo.

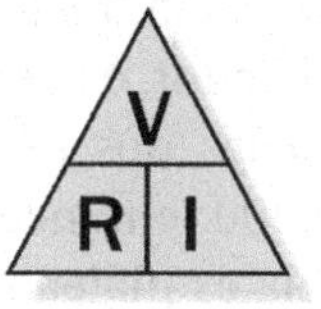

$$\frac{V}{R} = \frac{5V}{10 \text{ Ohm}} = 0,5 \text{ (500mA)}$$

Figura 2.4. Una resistencia genera una carga de trabajo sobre un circuito. Puedes calcular cuánto consumo genera aplicando la ley de Ohm.

Dado que la resistencia limita el amperaje entregado, puedes utilizarla para hacer que un componente que, por ejemplo, consume 2 A funcione a la mitad de su capacidad, con lo cual se le podrá suministrar 1 Amper en la línea donde se entrega la tensión. Usando la pirámide de Ohm, puedes calcular de cuánto debería ser esa resistencia.

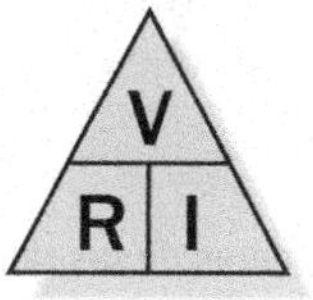

$$\frac{V}{R} = \frac{5V}{1 \text{ A}} = 5 \text{ Ohmios}$$

Figura 2.5. Utilizando el mismo principio de la ley de Ohm, se puede limitar el consumo que tiene un componente.

Cuando enciendes una computadora (o cualquier elemento que utilice electricidad), estás generando un consumo de corriente sobre la fuente de alimentación. Las resistencias producen el mismo efecto frente a la fuente de poder de la PC, y esto es lo que se conoce como **carga de trabajo**. El consumo total de los componentes de un circuito no puede superar el máximo que puede entregar la fuente de poder. Las fuentes de alimentación **ATX** aún utilizan resistencias cerámicas de agujero pasante (no son SMD), cuyo valor viene determinado por una serie de bandas de color impresas en la superficie. Hay tres colores que están agrupados; el cuarto está un poco más separado y se lo conoce como banda de tolerancia. Para leer el valor correctamente, debes poner las tres bandas de color apuntando a la izquierda y empezar a leer de izquierda a derecha. Los tres primeros colores indican el valor de la resistencia, y la cuarta banda, su tolerancia. La primera y segunda banda indican el valor numérico, y la tercera, el multiplicador, es decir, la cantidad de ceros que debes agregarle a esa cifra. Por ejemplo, si las dos primeras bandas de una resistencia indican 2 y 7, y el multiplicador, 100.000, entonces la resistencia será de 2.700.000 Ohms o 2.7 MegaOhms; si la tolerancia es plateada, será de un 10%).

Para conocer los valores de las resistencias puedes utilizar la siguiente tabla:

Color	Primera banda	Segunda banda	Multiplicador	Tolerancia
Negro	0	0	1	
Marrón	1	1	10	
Rojo	2	2	100	
Naranja	3	3	1000	
Amarillo	4	4	10000	
Verde	5	5	100000	
Azul	6	6	1000000	
Violeta	7	7		
Gris	8	8		
Blanco	9	9		
Oro			:10	=+5%
Plata			:100	=+10%

Figura 2.6. Tabla de valores de las resistencias cerámicas.

2.1.2 Capacitores o condensadores

El capacitor, también conocido como condensador, es un componente pasivo cuya característica es que puede cargarse eléctricamente y almacenar dicha carga durante un breve período de tiempo. A nivel electrónico, esta característica se usa para estabilizar la energía recibida por un determinado circuito. En circuitería electrónica puedes encontrar condensadores electrolíticos, de tantalio y cerámicos.

Figura 2.7. Los tres primeros son condensadores cerámicos, el segundo
es electrolítico y los dos últimos son de tantalio.

Los capacitores son elementos que no se comportan igual en corriente continua
que en alterna. En principio, encontrarás dos tipos, polarizados y no polarizados.
Polarizado significa que debes respetar un polo positivo y otro negativo, y si lo conectas
al revés, no solo lo dañarás sino que también explotará, con lo cual tienes que prestar
suma atención a este punto. Algunos tienen una marca indicando el punto positivo, y
otros indican el punto negativo. Los condensadores no polarizados pueden conectarse
indistintamente, ya que no cambia su forma de trabajo (**Figura 2.8.**).

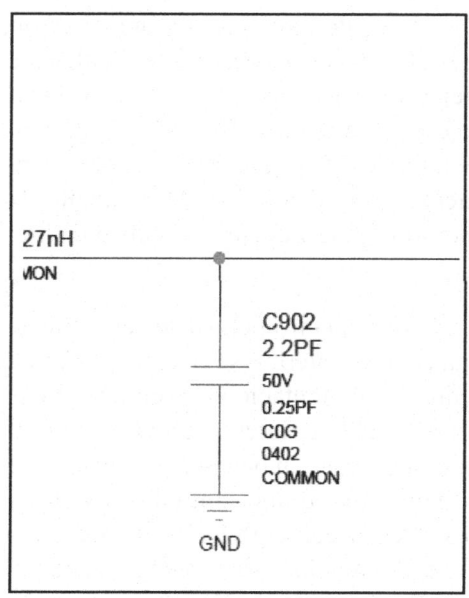

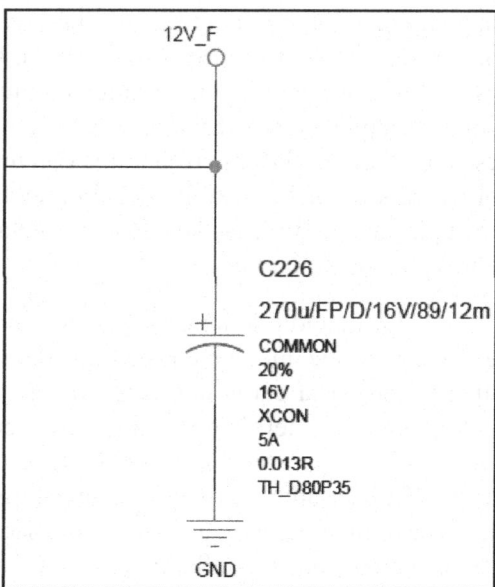

Figura 2.8. En los esquemas se muestra el capacitor representado por dos placas para los
no polarizados, y por dos placas y un signo positivo para los polarizados. Otra representación
que puedes encontrar en un esquemático es una línea recta y la de abajo curva.

Internamente, un capacitor está compuesto por dos capas de material conductor separadas por un material dieléctrico (no conductor). La unidad de medida del capacitor es el Faradio, y lo que normalmente se utiliza en electrónica son los microfaradios (uf). Para ser más exactos, los condensadores electrónicos suelen almacenar unos cientos de microfaradios. Cabe destacar que 1 Faradio es un millón de microfaradios; otras variantes del Faradio son los picofaradios (pf) y los nanofaradios (nf).

Podrás saber la capacidad de un condensador si el fabricante tiene espacio suficiente para imprimir dicho valor en el componente. Esto vale para los componentes de agujero pasante usados, por ejemplo, en las fuentes de alimentación. En el caso de los SMD, que son mucho más pequeños, si el tamaño del componente lo permite, se utiliza una nomenclatura de tres cifras, similar a la empleada en las resistencias: las dos primeras indican el valor del condensador, y la última es el multiplicador. En el caso de los condensadores de tantalio y los cerámicos, el valor suele estar expresado en picofaradios, mientras que los de aluminio se expresan en microfaradios. Si encuentras una letra R en la nomenclatura, significa, igual que en las resistencias, una coma decimal en el valor.

Otra particularidad de un capacitor es su voltaje de trabajo. Por ejemplo, puedes tener un capacitor de 470 microfaradios con una función de trabajo a 6 V, lo que significa que podrás utilizarlo en cualquier línea de circuito que funcione con menos de 6 V; de lo contrario, se dañará. De hecho, no es necesario que se alcance ese valor; por ejemplo, en circuitos que manejan tensiones de 4,5 o 5 V se utilizan condensadores de 6 V. Siguiendo el mismo ejemplo, una línea de 4,5 V cargará en ese condensador 470 microfaradios con un voltaje de 4,5 V (el voltaje siempre será el entregado por la línea de tensión que alimente el condensador). Al momento de reemplazar un condensador, debes respetar su voltaje de trabajo y la capacidad de almacenamiento en faradios.

La función de un condensador en un circuito electrónico suele ser filtrar la energía para que, mediante la energía almacenada en su interior, se compense alguna fluctuación en la carga entregada por la fuente de alimentación del equipo. Si el voltaje baja, la energía del condensador cubrirá el faltante intentando no afectar al equipo. En el caso de una computadora, eso podría generar un pantallazo azul debido a que el procesador se quedó sin una carga estable. En equipos antiguos, en cuyas fases de alimentación se usaban condensadores electrolíticos, era frecuente que estos se hincharan y hasta estallaran. Si no había otro fallo, muchas veces reemplazando el condensador, el equipo podía volver a funcionar. Si un condensador está funcionando en una línea que trabaja con 5 V y la tensión baja, dicho componente entregará parte de su carga hasta compensar el faltante en esos 5 V.

2.1.3 Bobinas

Las bobinas o inductores son componentes capaces de almacenar energía en forma de un campo electromagnético. Se componen de un bobinado de alambre, del que obtienen su nombre, y pueden ser con núcleo o sin él, en cuyo caso se las denomina con núcleo de aire.

Muchas bobinas, sobre todo las SMD, suelen confundirse con otros componentes, generalmente con condensadores, aunque su tamaño es mayor, mientras que en los componentes de electrónica de agujero pasante, se las reconoce a simple vista por notarse el bobinado de alambre.

La unidad de medida de las bobinas es el Henrio, y en los esquemas de circuitos se las representa mediante la letra L.

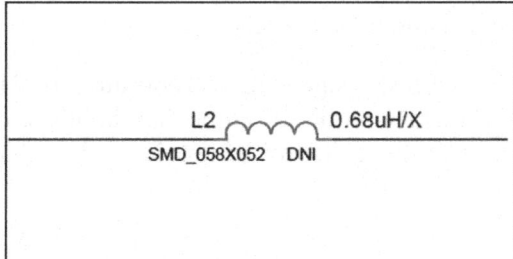

Figura 2.9. Las bobinas o inductores no siempre se reconocen con facilidad, por lo que es importante disponer del esquemático correspondiente. A la izquierda, varios tipos de bobinas; a la derecha, su representación en un esquemático.

Para clasificar su valor se utiliza un código similar al empleado en las resistencias. Si la bobina contiene en su nomenclatura la letra J, significa que su tolerancia es de un 5%, la letra K indica un 10% y la letra M, un 20%.

Dado que una bobina es un conductor, para medirlas deberás poner el multímetro en posición de continuidad y, con las sondas, tocar ambas terminales del componente. En una bobina sana, deberías obtener continuidad; de lo contrario, el componente estará dañado. Dado que es un conductor, no es necesario removerlo de la placa para medirlo.

Si bien las bobinas se usan en la electrónica SMD, también están presentes en tamaño convencional, sobre todo, para las fuentes de alimentación conmutadas. Dependiendo del tipo de conductor utilizado para diseñarlas, variará la cantidad de vueltas o espiras que tengan las bobinas, así como su núcleo, y todo esto modificará sus propiedades. En estos componentes se crea un fenómeno conocido como inductancia, por lo que también se los conoce como inductores.

Cabe destacar que las bobinas se comportan de forma completamente distinta en corriente continua y en corriente alterna. En el primer caso, la bobina presenta una resistencia mínima, ya que internamente es un conductor enrollado, mientras que en el segundo se comporta como una resistencia: hay mayor resistencia cuanto mayor sea la **frecuencia** de la corriente alterna recibida (esto se conoce como reactancia inductiva). Esta particularidad se utiliza, por ejemplo, en la entrada de alimentación de ciertos circuitos integrados, donde es crítico que se reciba un voltaje estable y limpio. En ciertos casos se producen fallos y picos de **radiofrecuencia** que harán que la señal recibida por ese integrado empiece a comportarse como una onda de energía alterna, y en ese instante, la bobina, que estaba permitiendo el paso de la corriente, elevará su resistencia para evitar que esa onda de voltaje incorrecto entre al circuito y dañe algún elemento. Es por esta razón que siempre encontrarás bobinas en las entradas de alimentación de los equipos electrónicos, ya que actúan como un filtro de protección. Es muy común que trabajen en conjunto con uno o más capacitores en una entrada de energía.

En los esquemáticos verás que, entre los reguladores de voltaje y las entradas de alimentación de los chips, hay bobinas, cuya función es filtrar el posible ruido que se produce dentro del regulador de voltaje para que el chip no se vea afectado (**Figura 2.10.**).

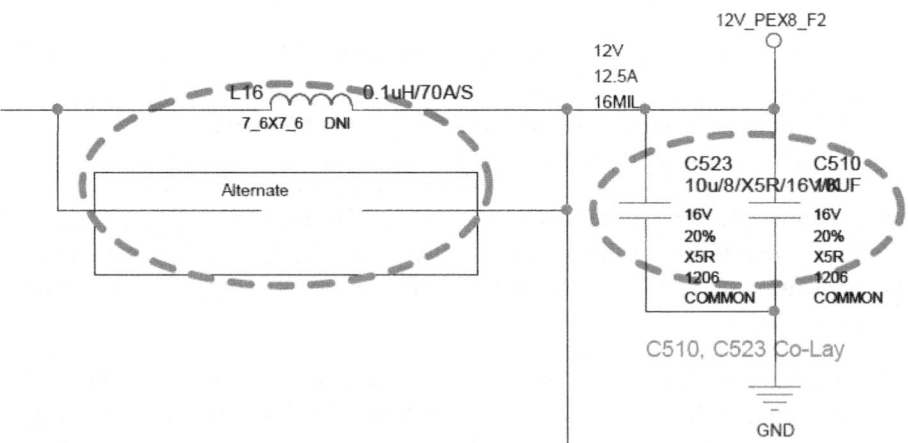

Figura 2.10. Es muy común que en los esquemáticos encuentres bobinas en las entradas de voltaje de los chips, para proteger los componentes; suelen estar acompañadas por condensadores.

Para medir una bobina en corriente continua, debes configurar el multímetro en dicha escala, y poner la sonda negra en un punto de tierra, y con la sonda roja tocar la entrada y la salida de la bobina. En ambos casos deberá darte el mismo valor. Si son diferentes, quiere decir que la bobina está dañada (**Figura 2.11.**).

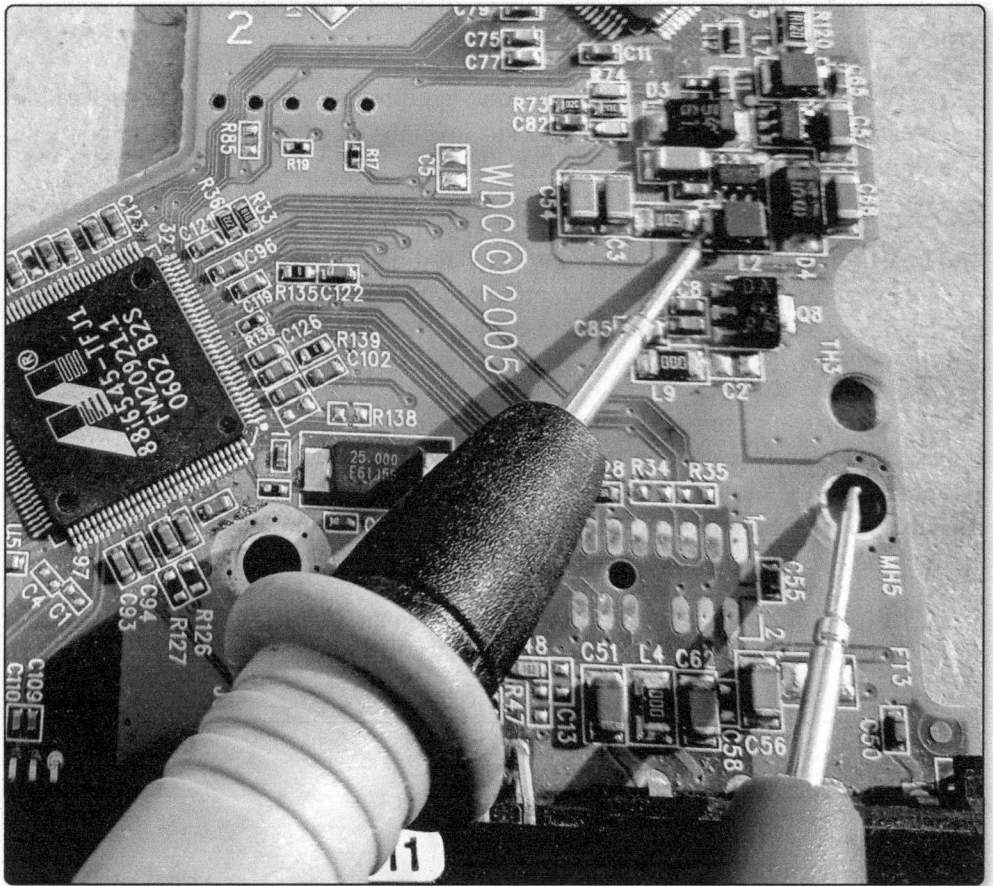

Figura 2.11. Las bobinas son componentes que suelen estar en serie, por lo que no tendrás lectura de continuidad entre un punto de tierra y cualquiera de las terminales. Si encuentras continuidad, estás ante un cortocircuito y, posiblemente, haya más componentes cercanos que estén dañados.

Las bobinas suelen confundirse con resistencias en el caso de los componentes SMD, porque ambos encapsulados son negros y de tamaño similar. Ante la duda, puedes medir en continuidad ambas terminales del componente: una bobina deberá darte una resistencia de cero Ohms, mientras que una resistencia te devolverá el valor correspondiente a su valor.

2.1.4 Diodos

La particularidad de un diodo es que permite la circulación de la corriente en una dirección pero no en la otra, por lo que es un componente polarizado y debes colocarlo en la posición correcta. Su diseño tiene dos terminales conocidas como ánodo y cátodo. Para su correcta colocación, el cátodo tiene una marca indicando su posición, la cual ayudará a medirlo y soldarlo.

Dependiendo de la dirección en que la corriente intente fluir, se dice que el diodo está polarizado directo o polarizado inverso; en el primer caso, la corriente podrá fluir, mientras que en el segundo no lo hará.

Si por el ánodo el circuito envía el polo positivo de la corriente, y en el cátodo está su parte más negativa, entonces el diodo se comportará como un trozo de cable, siendo perfectamente conductor, mientras que si el cátodo es más positivo que el ánodo, la corriente se bloqueará. Esto permite que la corriente circule solo en determinadas partes del circuito y, de esta forma, se protejan ciertos componentes.

El diodo, según su tipo, puede funcionar como una protección ante otras etapas, para rectificar energía de corriente alterna a corriente continua; estos son los diodos rectificadores. Los diodos zenner suelen utilizarse como reguladores de tensión, del tipo Schottky. Si bien trabajan de forma similar, cada uno tiene sus particularidades.

El diodo es un componente que suele dañarse con facilidad ante muchos desperfectos electrónicos (**Figura 2.12.**).

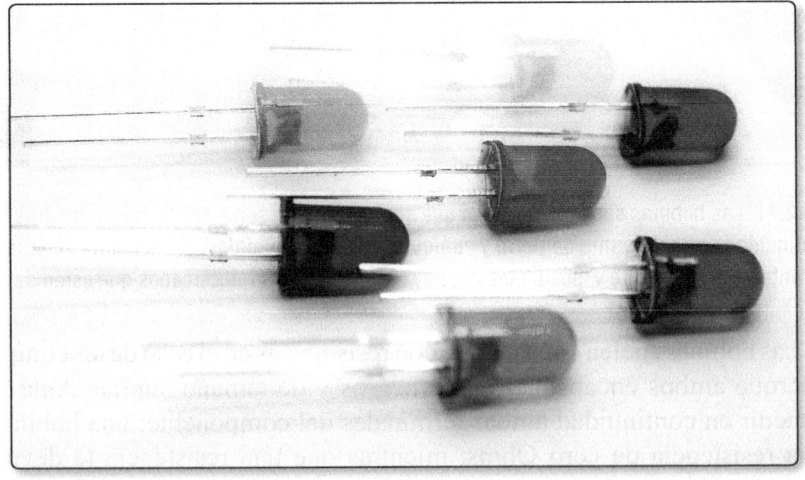

Figura 2.12. El LED también es un diodo, en este caso, emisor de luz, (Light-Emitting Diode).

Un diodo convencional provoca durante su funcionamiento una caída de voltaje de aproximadamente 0,7 V, mientras que un diodo del tipo **Schottky** tiene una caída de 0,2 V. Es importante que tengas en cuenta el tipo de diodo que estás intentando reemplazar, ya que, por ejemplo, utilizar uno que presenta diferente consumo enviará un voltaje incorrecto al resto del circuito y provocará más daños.

Debes saber que muchos componentes integrados incluyen dos o más diodos en su encapsulado, de forma que puedes tener componentes SMD de tres o más terminales que realmente son conjuntos de diodos. En realidad, cada diodo tendrá únicamente dos terminales (ánodo y cátodo), y en algunos encapsulados, alguna de ellas estará compartida entre los diferentes diodos. Muchas veces, a simple vista los encapsulados de tres terminales suelen confundirse con transistores.

2.1.4.1 MEDIR DIODOS

PASO 1

Para medir diodos, debes poner el multímetro en medición de continuidad.

PASO 2

Con la sonda negra del multímetro toca el cátodo, la parte del diodo con una marca; con la sonda roja toca el ánodo. De esta forma, lo estás polarizando directo, ya que el multímetro inyecta una pequeña carga eléctrica. Si el componente está sano, verás una lectura en el multímetro que indica la corriente que circula por él.

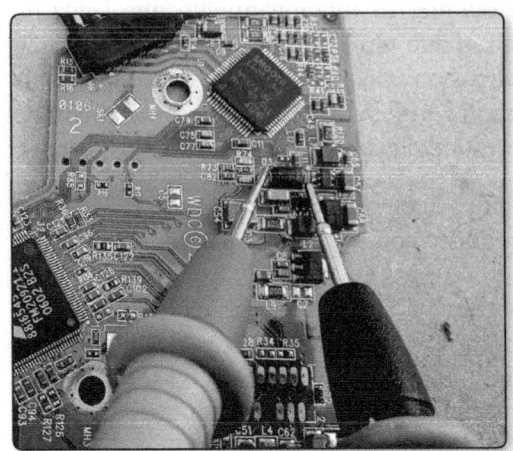

PASO 3

Invierte la posición de las sondas del multímetro, para polarizar inverso (las sondas estarán energizando el cátodo). En un diodo sano no deberías obtener lectura. Si la obtienes, significa que el componente está dañado. Si marca conductividad en ambos sentidos, también quiere decir que está dañado y debes reemplazarlo.

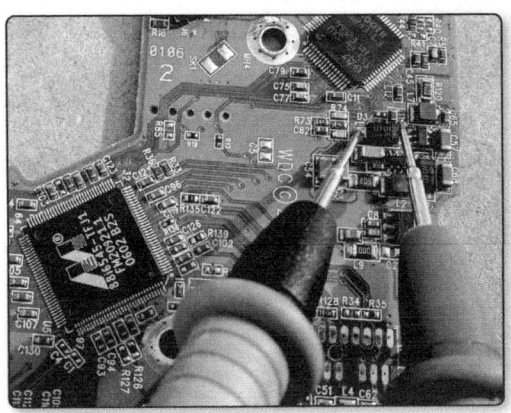
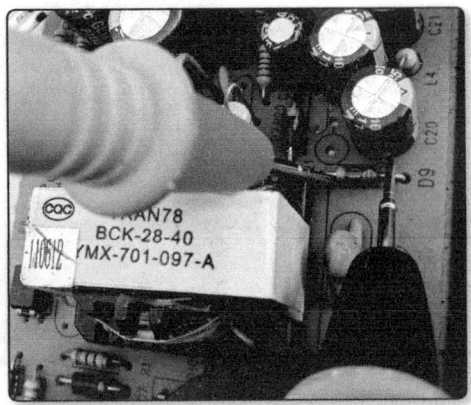

2.1.5 Transistores bipolares

Los transistores son componentes **discretos** de tres terminales conocidos como emisor, colector y base. En realidad, no tienen polaridad, ya que la disposición de sus terminales hace imposible soldarlos en la forma incorrecta.

Para conocer las características de un transistor es necesario que recurras al datasheet correspondiente. Búscalo en Internet basándote en el código que trae impreso (en componentes SMD, son dos o tres caracteres).

Los transistores se clasifican en dos tipos dependiendo de los materiales empleados en su construcción: PNP o NPN.

Por lo general, se los utiliza para amplificar señales o como interruptores eléctricos, dependiendo del funcionamiento del circuito donde estén trabajando.

En el dibujo del transistor verás que existe un diodo en su interior: para donde apunte ese diodo será una terminal del tipo N, de forma que en un esquemático no se mostrará el tipo de transistor, pero tú puedes saberlo simplemente asignándole el valor N a ese lugar y agregándole las restantes letras N o P teniendo en cuenta que se alterna una con otra formando PNP y NPN. Hacia donde apunta el diodo siempre será la terminal emisor, y su parte trasera será la terminal base, con lo cual la restante será colector. De esta simple manera, al ver un esquemático, sabrás de qué tipo de transistor se trata.

2N3906

SMALL SIGNAL PNP TRANSISTOR

PRELIMINARY DATA

Ordering Code	Marking	Package / Shipment
2N3906	2N3906	TO-92 / Bulk
2N3906-AP	2N3906	TO-92 / Ammopack

- SILICON EPITAXIAL PLANAR NPN TRANSISTOR
- TO-92 PACKAGE SUITABLE FOR THROUGH-HOLE PCB ASSEMBLY
- THE NPN COMPLEMENTARY TYPE IS 2N3904

APPLICATIONS
- WELL SUITABLE FOR TV AND HOME APPLIANCE EQUIPMENT
- SMALL LOAD SWITCH TRANSISTOR WITH HIGH GAIN AND LOW SATURATION VOLTAGE

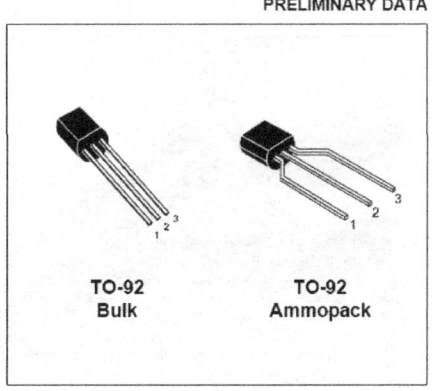

TO-92
Bulk

TO-92
Ammopack

Figura 2.13. Para conseguir las especificaciones de un transistor o cualquier componente, puedes buscar en Internet el datasheet (hoja de datos del fabricante) o consultar sitios de referencia como SMD codebook en link1 o link2.

Para funcionar como un interruptor, el transistor varía sus capacidades conductivas dependiendo de ciertos factores. En los transistores NPN, si el voltaje recibido en la terminal emisor en más negativo que el de la terminal base, entonces el transistor permite pasar la corriente entre ambas. En los transistores PNP, el emisor debe ser más positivo que la base para que la corriente circule libremente entre las terminales. Para hacer funcionar el transistor como un interruptor, se alimenta la base mediante un circuito integrado al cual se envía o no voltaje. Puede haber un circuito, por ejemplo, alimentando al emisor permanentemente con 5 V, y otro que, dependiendo de cierta condición, alimente o no la base con 12 V. De este modo, según exista o no voltaje en la terminal base, esta será más o menos negativa que el emisor, y se permitirá o no el paso de la corriente. Este es solo un ejemplo de cómo se utiliza un transistor dentro de un circuito para activar o no etapas de otro circuito.

Cuando el transistor está conduciendo corriente, se dice que se encuentra trabajando saturado o en modo saturación, y cuando no pasa corriente, se lo denomina en estado de corte (no confundir con cortocircuito).

2.1.5.1 MEDIR TRANSISTORES

PASO 1

Para que la medición del transistor sea fidedigna, deberás removerlo de la placa de circuitos donde está soldado, usando la pistola de calor de la estación de soldar.

PASO 2

Consigue en Internet el datasheet del componente para determinar cuál es cada terminal. Una vez que hayas identificado emisor, colector y base, para medirlo sin inconvenientes, una buena idea es pegarlo en un trozo de papel y anotar la inicial de cada terminal. Así podrás trabajar sin que el componente se mueva

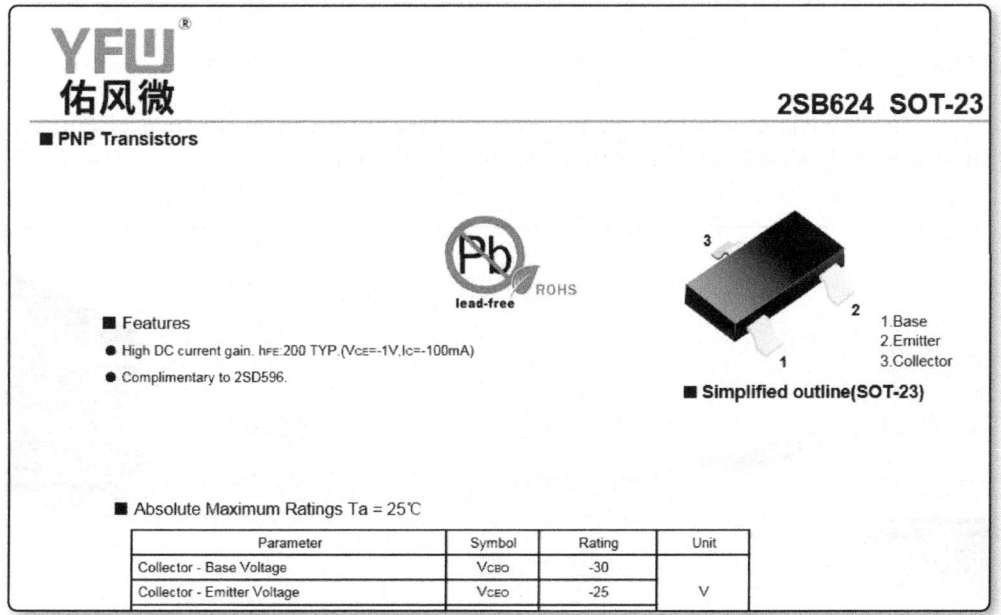

Parameter	Symbol	Rating	Unit
Collector - Base Voltage	V_CBO	-30	
Collector - Emitter Voltage	V_CEO	-25	V

Coloca el multímetro en medición de diodos, ubica la sonda roja en la terminal base y, con la negra, toca el colector. La lectura correcta sería una resistencia alta.

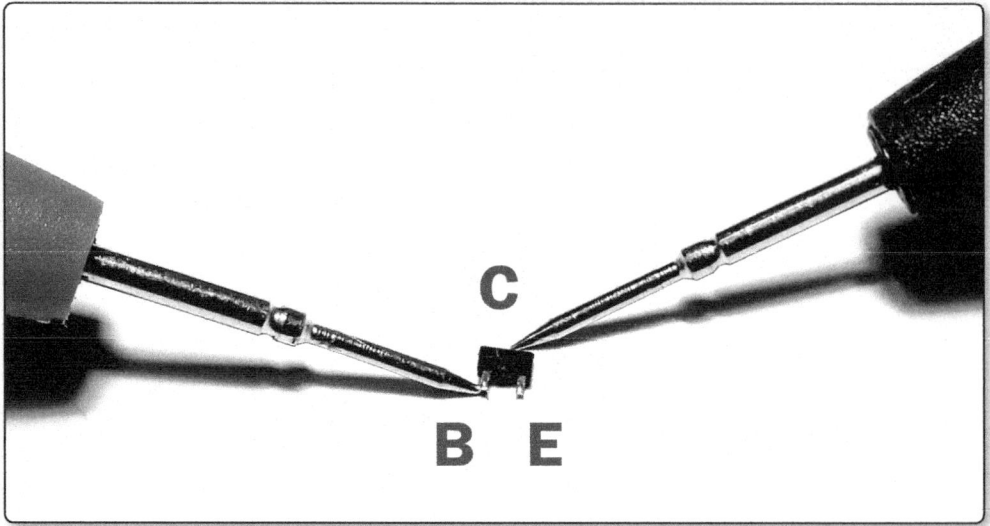

Mantén la sonda roja en la terminal base y con la negra toca el emisor; también deberías obtener una lectura alta en el multímetro.

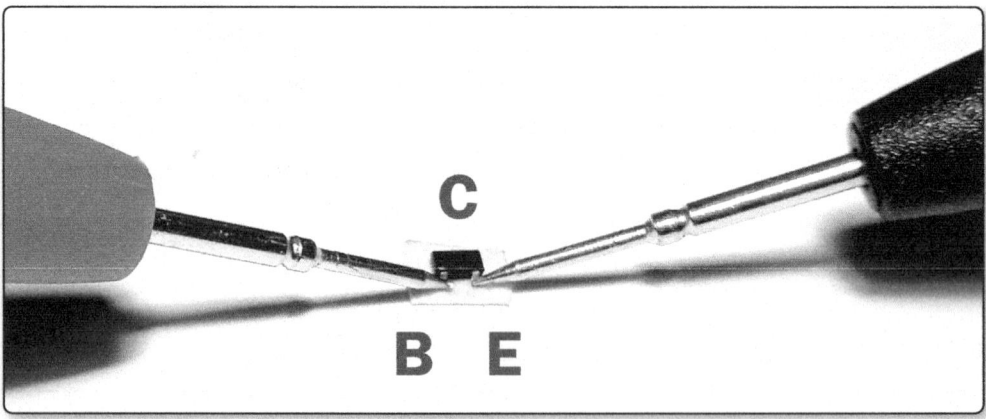

PASO 5

Toca con la sonda roja el colector y con la negra la terminal de base. La lectura debería indicar un valor bajo.

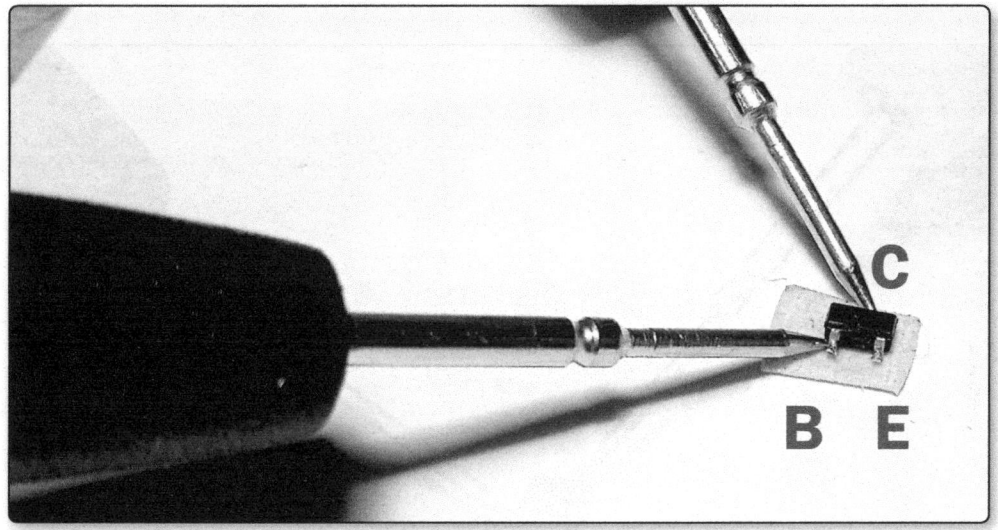

PASO 6

Coloca la sonda negra en la base y con la roja toca la terminal de emisor; nuevamente, deberías obtener un valor bajo.

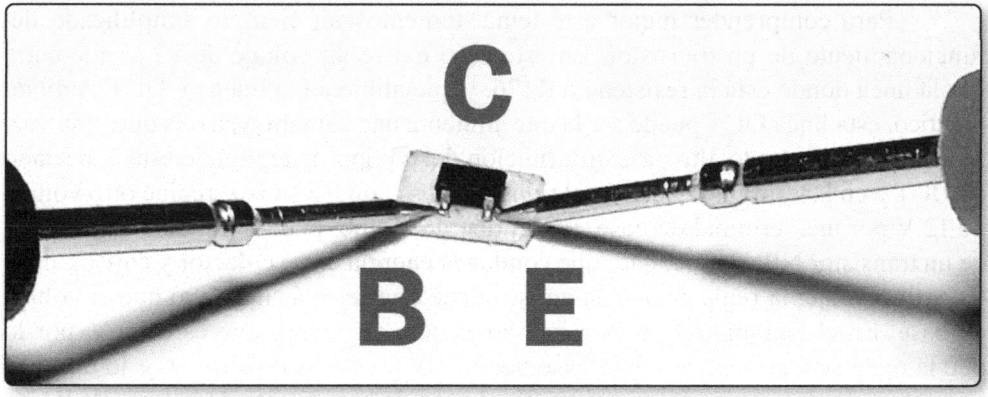

PASO 7

Con la sonda roja toca la terminal colector y con la negro, el emisor. Estos darán una resistencia alta, al igual que si pones la sonda roja en emisor y la negra en colector.

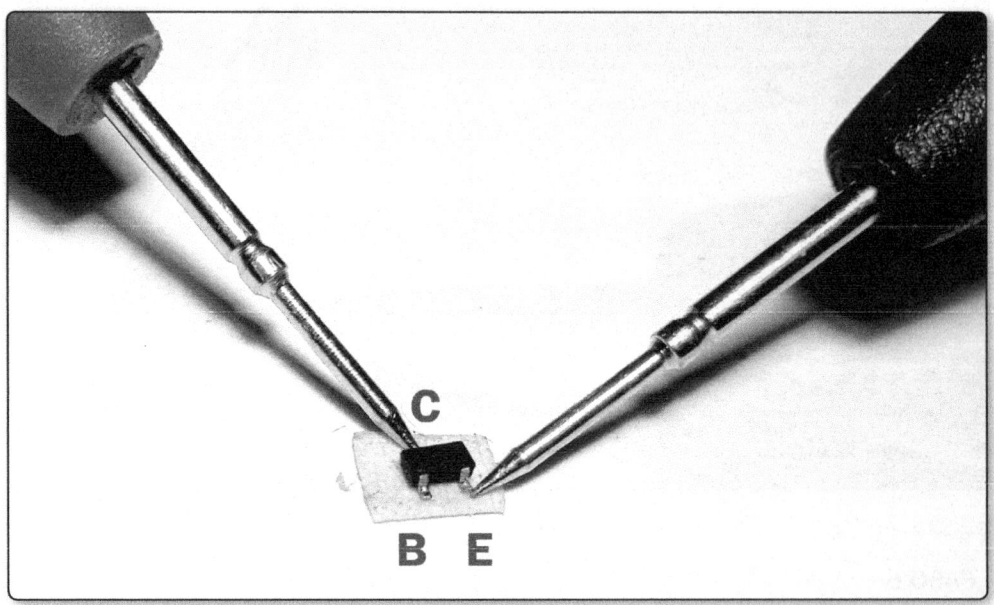

2.1.5.2 EJEMPLO DE FUNCIONAMIENTO DE UN TRANSISTOR

Para comprender mejor este tema, tomemos un ejemplo simplificado del funcionamiento de un transistor. En este caso existe un voltaje de 12 V que entra por la línea donde está la resistencia R176, y que alimenta la línea de OUT. A modo práctico, esta línea OUT puede ser la que alimenta una cámara web o la que, a su vez, se utiliza como estado alto para otra función del equipo. Este voltaje está conectado en OUT y en la terminal colector del transistor Q52, que, a su vez, recibe otro voltaje de 12 V por una terminal de base. Por el tipo de dibujo, puedes deducir que se trata de un transistor NPN y que, para que conduzca energía entre colector y emisor, debe tener un voltaje: la regla es que su emisor tiene que ser más negativo que el voltaje de base. En el ejemplo, el emisor está conectado a ground, que es de 0 V, por lo que la regla se cumple, ya que la base tiene 12 V y es más positivo. Por lo tanto, el transistor se satura y comienza a permitir el paso de la corriente de la línea de R176. Como la energía encontrará el camino más fácil, irá a ground y dejara de alimentar el circuito que está en la línea OUT, la cual pasará a tener un estado lógico bajo al quedar en 0 V.

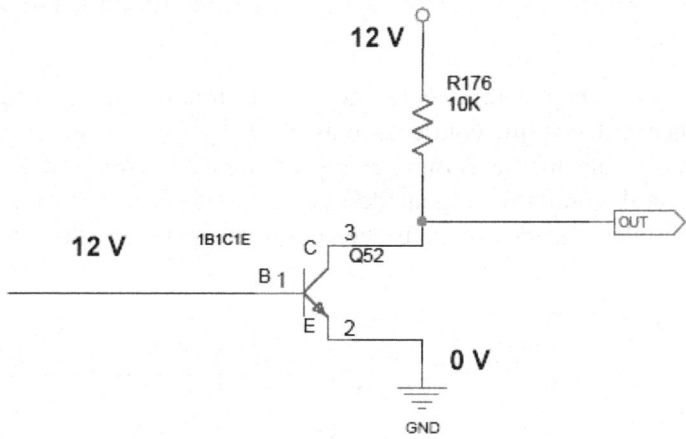

Figura 2.14. En este caso, al tratarse de un transistor tipo NPN, el emisor tiene más voltaje que la base; el transistor se satura y el voltaje recibido por R176 se desvía a tierra y no va a la línea OUT.

Cuando se corta el voltaje recibido por la terminal de base, el transistor deja de conducir a tierra el voltaje que le llega desde la resistencia R176, y esos 12 V pasan a alimentar la línea OUT. En este caso, esa línea tendrá un estado lógico alto (**Figura 2.15.**).

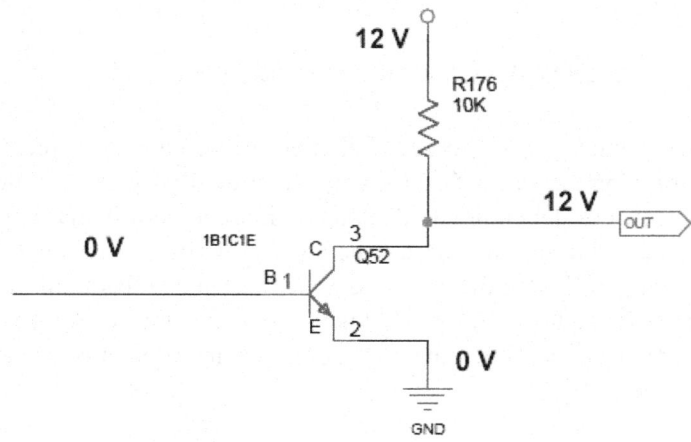

Figura 2.15. Al desaparecer el voltaje de la terminal base, el transistor deja de saturar y la línea OUT pasa a ser alimentada.

2.1.6 Mosfet

El mosfet es un tipo de transistor que recibe su nombre de la sigla *Metal Oxide Semiconductor Field Effect Transistor*. Puedes encontrarlos de dos tipos: de canal N y de canal P.

Los mosfets son componentes de tres terminales pero, al igual que los diodos, hay encapsulados que contienen más de un mosfet, por lo que puedes tener más terminales en un mismo componente. Realmente, se trata de varios mosfets que, por lo general, comparten alguna de sus terminales. Una vez más, el datasheet será imprescindible. Algunos mosfets vienen en encapsulados de ocho terminales (**Figura 2.16.**).

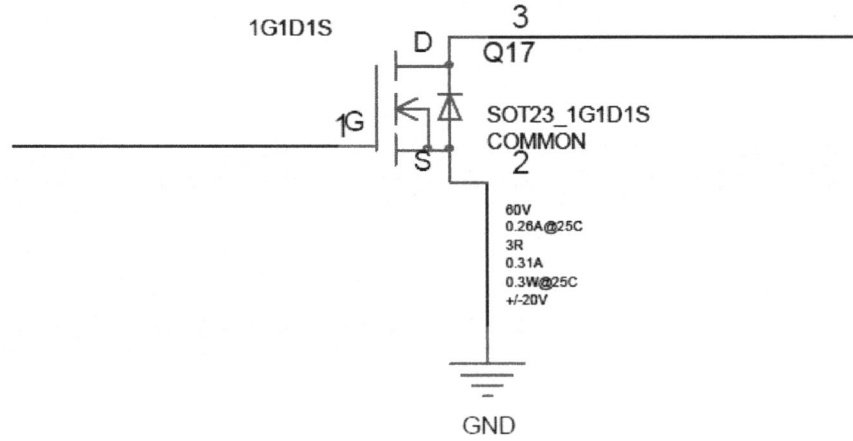

Figura 2.16. Representación esquemática de un mosfet.

Las terminales en un mosfet se llaman drain, gate y source. Los mosfets cumplen una función similar a la de los transistores bipolares, al funcionar como interruptores eléctricos dependiendo de una condición determinada. Por ejemplo, en los mosfets tipo N, la terminal source debe tener un voltaje más negativo que Gate. Si eso ocurre, las terminales drain y source actúan entre ellas como un conductor permitiendo el paso de la corriente. En los mosfets de canal P, el voltaje de source debe ser más positivo que el de gate para que, nuevamente, entre drain y source se conduzca la corriente.

El mosfet es un tipo de transistor capaz de cambiar de estado extremadamente rápido, activando y desactivando el paso de la corriente, por lo que puede ser utilizado en aplicaciones donde la velocidad es indispensable (**Figura 2.17.**).

Figura 2.17. Los mosfets pueden tener encapsulados de tres o de ocho terminales.

2.1.7 Divisor de tensión

Este tipo e componente, como su nombre lo indica, es capaz de recibir un voltaje de entrada que podrás ver en los esquemáticos como VIn (voltaje In), y de entregar por diferentes terminales más de un voltaje de salida, conocidos también como VOut (voltaje Out). En su interior son dos o más resistencias conectadas para crear el efecto de disminuir la salida. Suelen utilizarse para alimentar circuitos lógicos en determinados equipos. Alternando la cantidad de resistencia que estos encapsulados integran, podrán presentar más voltajes diferentes de salida, en cuyo caso tendrán un número variable de terminales.

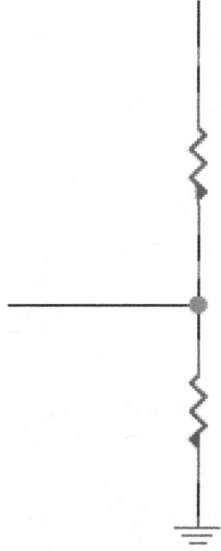

Figura 2.18. Los divisores de tensión son representados en diagramas como dos resistencias en serie con un voltaje de entrada y, en el otro extremo, el símbolo de ground. Verás también una línea de tensión que sale entre las dos resistencias.

Los divisores de tensión se utilizan para bajar una tensión alta y usarla para algún elemento del circuito que necesite una tensión baja. Un ejemplo práctico del funcionamiento de un divisor de tensión puede ser cuando se conecta un cargador en un celular o notebook. Habrá un voltaje de entrada y un circuito integrado en alguna parte que deba detectar que ese voltaje inyectado por el cargador exista (este mismo ejemplo es válido para todos los componentes electrónicos; siempre hay un integrado que detecta que se aplicó un voltaje de entrada). Cuando en un circuito integrado se cambia el estado lógico de bajo a alto en ese pin o terminal que va conectado al punto medio del divisor de tensión, el estado bajo, que era de 0 V, ahora llega, por ejemplo, a 3 V, un estado lógico alto.

Este mismo ejemplo se aplica cuando oprimes el botón de power de un equipo electrónico. Una línea se encontraba sin energía y, al comenzar a circular su voltaje de trabajo, en algún punto un divisor de tensión envía un voltaje inferior a un integrado para que este, a su vez, active otras funciones.

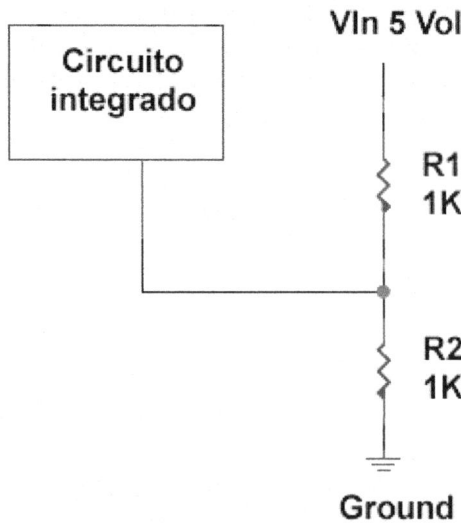

Figura 2.19. Los divisores de tensión se utilizan, entre otras funciones, para cambiar el estado lógico de una terminal en un circuito integrado.

Cuando el circuito está apagado, el voltaje recibido por la línea del integrado es de cero V. Al ingresar voltaje a la línea que alimenta el divisor de tensión, la línea que reporta al integrado divide la tensión y entrega el voltaje que ese pin del circuito necesita para trabajar, en este ejemplo, 3 V (este voltaje es solo un ejemplo y podrás encontrar diferentes voltajes de trabajo dependiendo del componente y del circuito; una vez más, consulta el datasheet correspondiente).

De esta forma es como se cambian los estados lógicos a nivel de circuitos. Al activar una terminal de un transistor o un mosfet, o cuando un divisor de tensión entrega voltaje a un integrado, hay un circuito que antes no tenía voltaje y que ahora lo recibe al darse una condición electrónica en otra parte del mismo circuito.

2.2 ACTIVIDADES

A continuación verás las preguntas y los ejercicios que deberías saber responder y resolver para considerar aprendido el capítulo.

2.2.1 Test de autoevaluación

1. ¿Cuál es la nomenclatura para una resistencia SMD y una cerámica si su valor es de 10 Ohms?

2. Si ambos almacenan energía, ¿qué diferencia existe entre el funcionamiento de un condensador y el de una bobina?

3. ¿Qué ocurre en un transistor si su terminal de base es más positiva que su terminal de emisor?

2.2.2 Ejercicios prácticos

1. Calcula qué resistencia deberías utilizar para conseguir que una línea que funciona con 12 V y 3 A trabaje a la mitad de su capacidad.

2. Consigue chatarra electrónica y realiza mediciones en los componentes estudiados en este capítulo.

3

SOLDADO

Una de las principales herramientas en una reparación es la estación de soldar, pero más allá de la que tengas, lo vital es tu experiencia y habilidad para utilizarla, y esto es algo que solo lograrás mediante horas de práctica.

3.1 TAREAS DE SOLDADO

Una estación de soldar es un equipo que incluye, por un lado, un soldador del tipo cautín o lápiz, que te permitirá soldar por contacto directo; y por otro lado, un soldador de aire llamado coloquialmente pistola de aire (también tiene forma de lápiz aunque más grande), que actúa mediante un chorro de aire muy caliente, sin contacto físico con el componente. El trabajo con cada una de estas herramientas es diferente y usarás una u otra dependiendo de lo que necesites hacer. Las estaciones de soldar pueden tener más o menos funciones, como la capacidad de configurar la cantidad de calor que emite el cautín; por defecto, todas permiten establecer el flujo de aire y la temperatura de la pistola de aire, pero no así del cautín.

Al momento de comprar una estación de soldar, debes tener en cuenta que algunos modelos utilizan una bomba para empujar el aire caliente desde el cuerpo de la estación hasta la boquilla, en tanto que otros generan el aire en el propio cuerpo del lápiz de aire. En los primeros se utiliza una manguera térmica para que el aire sea impulsado hacia fuera. Con el uso, si esta manguera se daña o se estrangula, se perderá flujo de aire, lo que hará que el equipo ya no cumpla su función. En los modelos que incluyen el ventilador en el propio lápiz, se emplea un cable para conectarlo al cuerpo de la estación. Las roturas en los modelos de manguera son más frecuentes, pero estos también son más económicos para reparar.

Figura 3.1. Para efectuar reparaciones necesitarás disponer, al menos, de un soldador de cautín. Lo ideal sería contar con una estación de soldar que incluya una pistola de aire caliente.

Tanto el soldador de cautín como la pistola de aire caliente incluyen diferentes puntas intercambiables, y si necesitas alguna en especial, puedes comprarlas en cualquier tienda de electrónica. En el caso del cautín, estas puntas tienen diferentes formas: hay puntas planas, para abarcar más de un componente a la vez, y puntas finas, para trabajar en elementos muy pequeños. En las pistolas de aire encontrarás boquillas de distintos diámetros, para emitir el flujo de aire a más componentes.

Dependiendo de la marca de estación de soldar que compres, encontrarás botones o potenciómetros para controlar la temperatura del aire caliente y su capacidad o flujo de aire; en modelos más completos también podrás controlar la temperatura del cautín. En estaciones económicas, solo tendrás la posibilidad de encender y apagar el cautín, pero no de regular su temperatura.

Las estaciones de calor pueden generar hasta 500 grados en la pistola de aire, pero no es recomendable que trabajen a esa temperatura durante largos períodos de tiempo. Lo ideal es que la dejes descansar luego de usarla unos 15 minutos, para evitar el desgaste en exceso. Notarás que, al apagar la pistola de aire caliente, continuará soplando unos segundos más; esto es normal y permite enfriar el equipo para evitar que la boquilla quede caliente. Trata de no desenchufarla mientras se está enfriando.

Figura 3.2. Para soldar los diferentes componentes electrónicos a la placa, deberás utilizar estaño. El más usado es una aleación con plomo en forma de alambre.

La temperatura que debes emplear en la estación de soldar dependerá de muchos factores, pero los principales son la temperatura y la humedad ambiente. No es lo mismo que la utilices un día de verano que una gélida noche de invierno. Los parámetros ambientales pueden obligarte a aplicar más calor en ciertas oportunidades. También es importante considerar qué elementos intentas soldar: trabajar sobre un componente como una resistencia SMD no es igual que hacerlo sobre un chip con decenas de terminales. La norma es que, usualmente, utilizarás entre 200 y 400 grados y un flujo de aire del 50%.

Para comenzar a trabajar y ganar práctica, es vital que consigas chatarra electrónica. Recuerda que es muy fácil arruinar una placa por accidente si no dominas el manejo de la estación de soldar.

Entre los componentes que tendrás que reparar encontrarás, básicamente, dos: los SMD y los de agujero pasante. Por lo general, para los SMD utilizarás la pistola de aire, y para los de agujero pasante, el cautín. Ten en cuenta que entre los SMD hay componentes que miden solo uno o dos milímetros, por lo que deberás utilizar una lupa convencional o electrónica para no dañarte la vista. También necesitarás pinzas de Bruselas de diferentes tipos que te ayudarán a manipularlos.

Otros elementos que debes tener disponibles son **flux**, **malla desoldante**, estaño en pasta y en alambre, y alcohol isopropílico. En cuanto al alcohol, es importante que sea isopropílico porque no deja contaminantes cuando lo utilizas para limpiar el área de trabajo.

Figura 3.3. Para facilitar el proceso de soldadura con estaño, puedes
utilizar flux, que limpiará de impurezas los metales.

El flux o fundente es una pasta química utilizada en electrónica para facilitar el proceso de soldadura, ya que elimina las partículas de óxido existentes en la superficie de los metales por soldar, lo que permite lograr una soldadura más uniforme. Se lo conoce además como pasta de soldar y suele presentarse también en forma líquida.

En algunas ocasiones, podrás comprobar que el estaño envejecido se torna más difícil de remover porque pierde sus propiedades. En esos casos deberás aplicar más calor a la placa, lo que aumenta las posibilidades de dañar algún elemento por exceso de temperatura. Para evitarlo, y por más contradictorio que parezca, tendrás que agregar más estaño nuevo al viejo. Al hacerlo, el nuevo estaño transferirá su temperatura al viejo y hará que sea más fácil quitar el conjunto. Aplica flux a los contactos que demoran en desprenderse y, luego, tócalos con el cautín y a la vez con el alambre de estaño. Notarás que ambos estaños se mezclan. Después calienta durante un par de segundos más y aplica la malla desoldante con el cautín. Si siguen quedando restos del estaño viejo, repite el procedimiento.

Suele suceder que la malla desoldante se pegue a la placa y los componentes. En esos casos, evita dar un tirón porque provocarás daños. Simplemente, apoya la punta del cautín en forma acostada para que se transfiera todo el calor posible a la malla y el estaño que la adhirió a la placa se derrita. Así podrás mover libremente la malla desoldante.

3.1.1 Remover componentes SMD

PASO 1

Selecciona la boquilla adecuada para el componente con el que vas a trabajar. Si eliges una demasiado pequeña, el calor no alcanzará todas las terminales del componente, en tanto que si eliges una muy grande, el aire caliente podría afectar a los demás elementos.

PASO 2

Coloca un poco de flux sobre las terminales del componente con el que vas a trabajar.

PASO 3

Ubica la pistola de aire caliente a 90 grados de inclinación respecto de la placa y a unos 3 centímetros de distancia del componente, haciendo movimientos circulares mientras aplicas calor. Nunca dejes la pistola sobre un punto fijo, o dañarás gravemente la placa. Con una pinza de Bruselas, sujeta el componente y levántalo pero sin hacer fuerza, porque podrías dañar las pistas de la placa. El componente saldrá solo cuando esté desoldado. Durante el proceso, es normal que veas humo saliendo de la placa; se trata del vapor del flux al derretirse.

PASO 4

Limpia la placa para quitar los restos de flux, ya que el calor lo derrite y lo vuelve más aceitoso. Utiliza un cepillo de dientes de cerdas finas y un poco de alcohol isopropílico para hacerlo. Luego, seca con una servilleta de papel.

Mientras estás aprendiendo, lo ideal es conseguir chatarra electrónica para probar la soldadura. No es recomendable que aprendas con un dispositivo que esté funcionando, ya que las posibilidades de dañarlo son altas. Cuando te sientas más confiado, empieza a practicar removiendo componentes y volviéndolos a colocar en equipos de poco costo, que sepas que están operativos. Si siguen funcionando, ya estarás listo para trabajar con equipamiento más valioso.

Luego de retirar un componente, en la placa quedan restos del estaño viejo, que posiblemente ya haya perdido sus propiedades. El siguiente paso es retirarlo y dejar los contactos completamente limpios para recibir el nuevo estaño para soldar. Para hacerlo, puedes valerte de la malla desoldante, un entramado de alambres generalmente de cobre con un núcleo de resina que, al ser calentada y arrastrada con el cautín sobre los contactos, atrapa todo el estaño que encuentre en ellos y toma un color plateado.

3.1.2 Limpiar contactos y pistas

PASO 1

Coloca un poco de flux sobre los contactos que vas a limpiar. Apoya la malla desoldante y, sobre ella, acuesta la punta del cautín para que haga contacto en una mayor superficie. Utilízalo para arrastrar suavemente la malla desoldante sobre los conectores. Ten mucho cuidado de no tocar otro componente de la placa, porque removerás su soldadura. Cuando ese trozo de malla quede muy sucio de estaño, retíralo usando una tijera.

PASO 2

Emplea un cepillo de cerdas finas con alcohol isopropílico y una servilleta de papel para limpiar los restos de flux de los conectores. Si ves que aún quedan restos de soldadura, repite el paso anterior hasta que no haya nada de estaño viejo.

Los componentes SMD pueden tener diferentes tamaños y encapsulados: desde componentes de dos terminales, hasta circuitos integrados con cientos de ellas. La técnica de soldadura varía dependiendo de cada situación.

3.1.3 Soldar componentes SMD de dos terminales

PASO 1

Coloca apenas un poco de flux sobre los pads (conectores de la PCB donde van soldados los componentes). Apoya la punta del cautín sobre uno de los pads, y luego toca el pad y la punta del cautín con el extremo del alambre de estaño. Verás que se forma una capa de estaño sobre el pad, que no debe ser excesiva, simplemente, lo mínimo para llenarlo.

PASO 2

Sujeta el componente por soldar con unas pinzas de Bruselas y ponlo al lado del pad que previamente estañaste. Aplica calor otra vez con el cautín y, cuando veas que el estaño se torna más líquido, arrastra con la pinza el componente hasta su ubicación. Retira el cautín y deja que se enfríe solo; no soples, o afectarás la soldadura.

PASO 3

Calienta el otro pad con el cautín (tendrá la terminal del componente SMD encima) y luego tócala con la punta del alambre de estaño; verás cómo se realiza la soldadura.

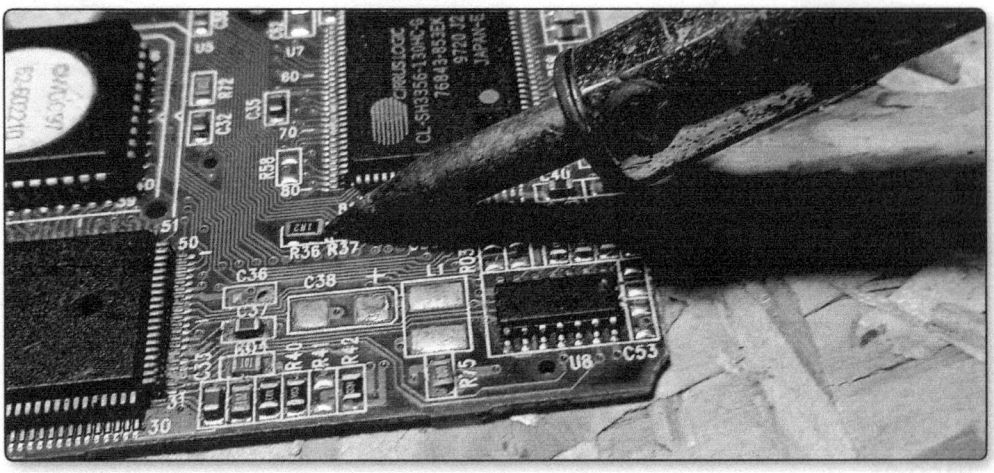

3.1.4 Soldar integrados SMD de varias terminales

Esta técnica es ideal para soldar componentes con múltiples terminales finas. Verás que todos los dispositivos electrónicos tienen este tipo de componentes con terminales en dos o más lados.

PASO 1

Coloca un instante la punta del cautín en una esquina de los pads y luego apoya el alambre de estaño encima para que la soldadura se expanda. Usa pinzas de Bruselas para ubicar el componente en posición y apoya la punta del cautín en las terminales del componente. El estaño de abajo se derretirá e incluirá las terminales en la soldadura.

PASO 2

Pon la punta del cautín en la terminal opuesta a la que has soldado. Se calentará el pin del componente y el pad de la placa. Luego apoya el estaño en el soldador, verás que se suelda a la placa. El hecho de soldar la terminal opuesta dará más firmeza para seguir soldando el resto.

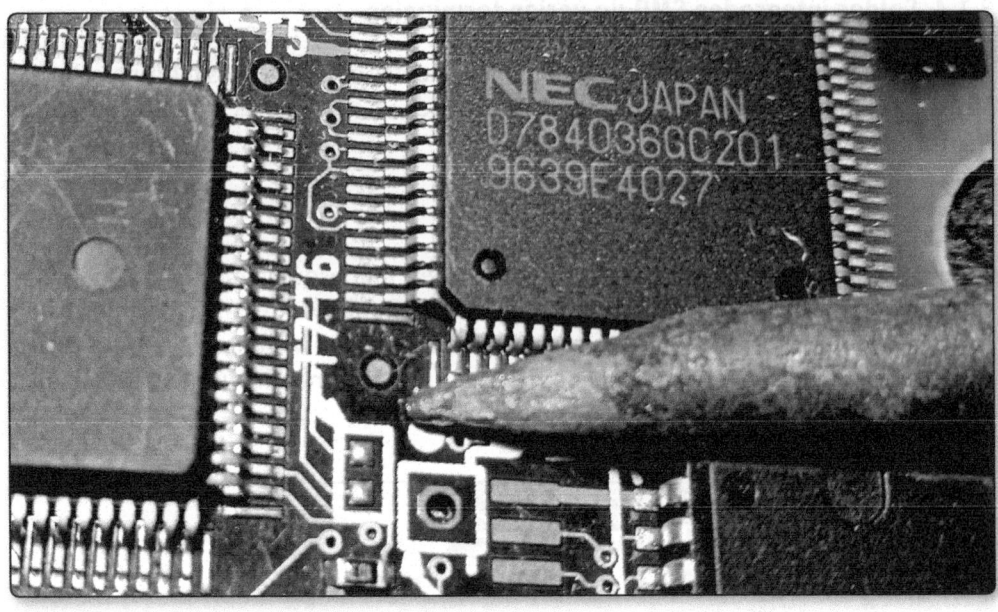

PASO 3

Coloca flux otra vez en las terminales y toca con el estaño la punta del cautín. Cuando veas que tiene una bola de estaño en la punta, frota con ella las terminales del componente que están apoyadas sobre los pads. El estaño se acomodará soldando los pines.

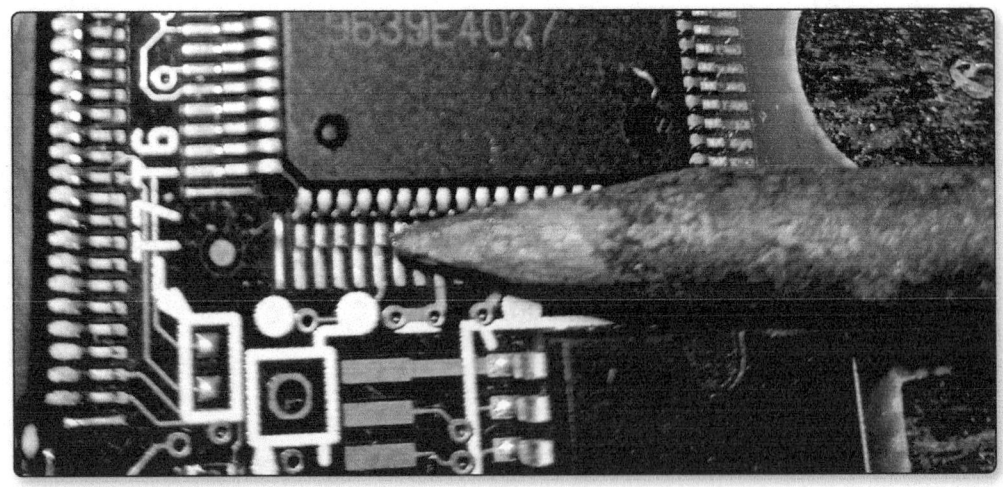

3.1.5 Desoldar integrados SMD

PASO 1

Pon flux en todas las terminales del componente que desees desoldar.

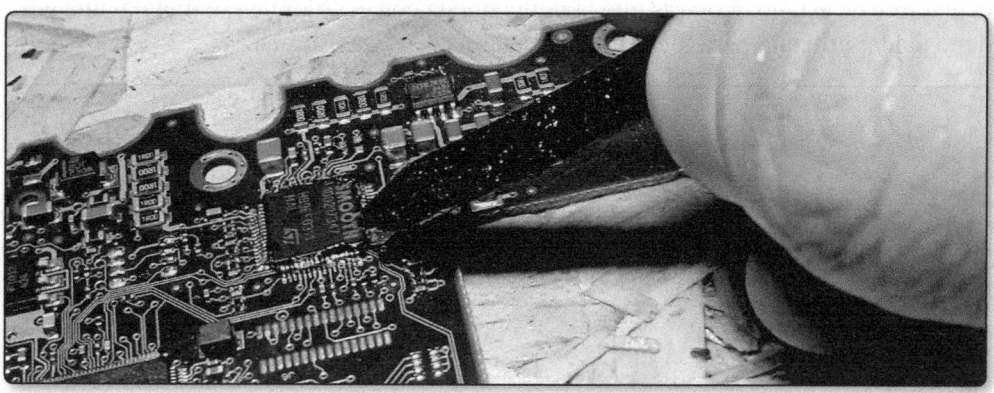

PASO 2

Con la pistola de aire caliente a 400 grados y un flujo de aire de 50%, ve haciendo movimientos a 90 grados sobre las terminales del componente, a unos 3 centímetros de altura. Evita enviar calor al cuerpo del componente (solo a sus terminales), y nuca dejes de mover en círculos. Haz presión hacia arriba levemente con una pinza de Bruselas; es importante que no hagas palanca, o dañarás las pistas.

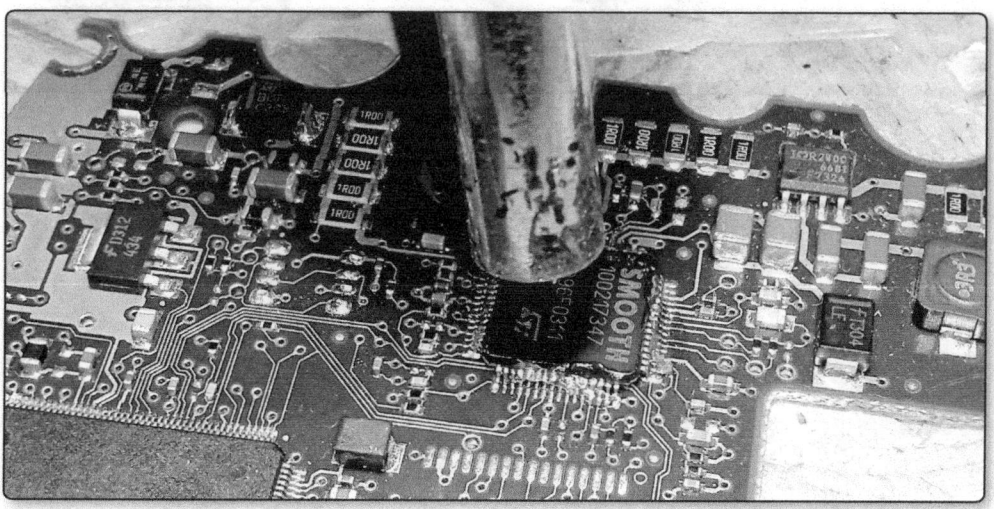

3.1.6 Soldar integrados SMD de varias terminales

Aplica flux en todos los pads de la placa a soldar. Con el cautín caliente, toca el alambre de estaño. Notarás que la punta queda con el color de ese metal y una gota depositada; utilízala para tocar uno o más pines en una esquina.

Emplea una pinza para poner en posición el componente y apoya el cautín en los pads donde antes pusiste el estaño. Este se derretirá y, al sacar el cautín, la soldadura de esas terminales lo dejará firme.

PASO 3

Vuelve a poner una gota de estaño en el cautín y toca la terminal en la esquina opuesta. Esto le dará más soporte mecánico para poder trabajar con el componente en el resto de las soldaduras.

PASO 4

Añade más estaño en la punta del cautín y apóyalo sobre las terminales con flux, deslizándolo suavemente. Verás que el estaño se adhiere a los pads y los suelda con las terminales. Limpia los restos de flux con alcohol isopropílico y un cepillo de dientes.

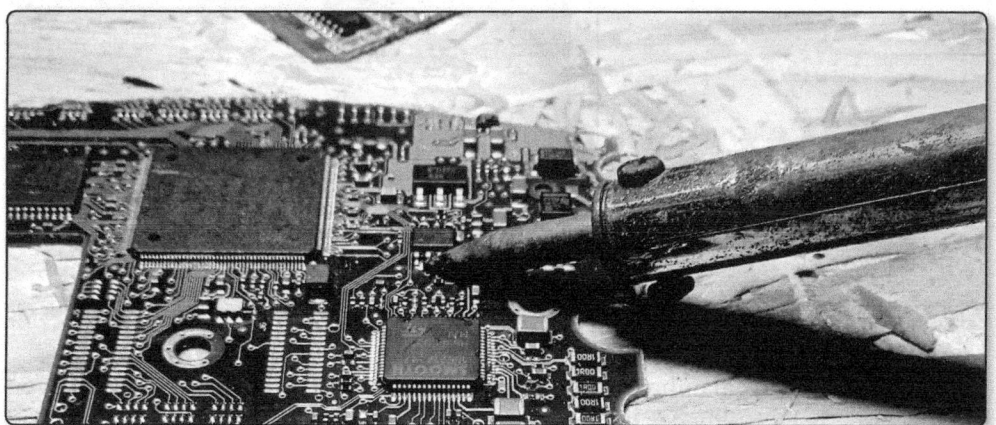

3.1.7 Trabajar con componentes de agujero pasante

La electrónica convencional se basa en componentes de agujero pasante, que a diferencia de los SMD, atraviesan la placa. Esto implica que la soldadura suele hacerse del lado contrario, por lo que se aprovecha menos el espacio; por eso su uso ya no es tan frecuente. Aun así, encontrarás este tipo de componentes, sobre todo, en la electrónica de las fuentes de poder. Para utilizarlos, la PCB debe tener un agujero del diámetro correcto, con el fin de que pase la terminal.

Para desoldar estos componentes tendrás que usar un succionador de estaño. Primero debes bajar un émbolo y, luego, al desoldar, presionar un botón que libera el pistón y genera un vacío que absorbe el estaño derretido. El calor para este tipo de componentes se aplicará con el cautín. Al reemplazar un elemento dañado por otro nuevo, tendrás que doblar las terminales metálicas correspondientes, hacerlas pasar en el hueco de la PCB y aplicar la soldadura. Finalmente, con un alicate, cortarás el excedente de alambre de la terminal.

3.1.7.1 SOLDAR COMPONENTES DE AGUJERO PASANTE

PASO 1

Los componentes de agujero pasante se caracterizan por sus terminales en forma de alambre. Lo primero que debes hacer es identificar sus terminales, si son componentes con polaridad, y ubicar en qué parte de la placa deben soldarse.

PASO 2

Acomoda los alambres de las terminales como necesites para que entren en los huecos de la PCB. Puedes doblarlas y darles la forma que te resulte conveniente. Luego preséntalas dentro de los huecos de la placa.

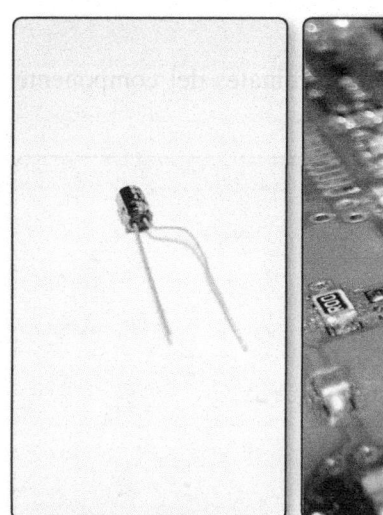

PASO 3

Calienta el cautín y colócalo en la parte de abajo de la placa mientras apoyas el estaño para que se forme una gota y haga la soldadura.

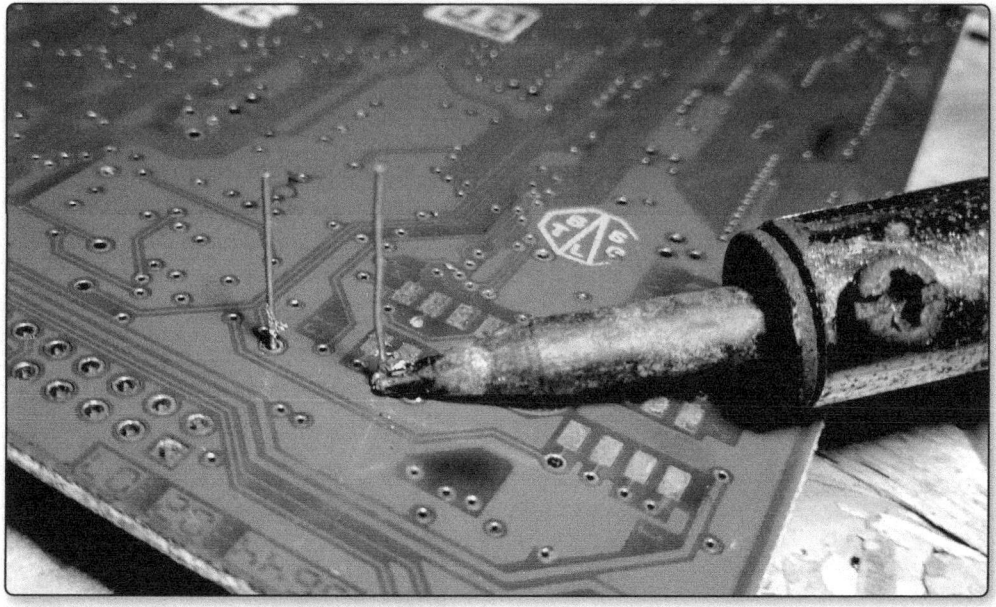

PASO 4

Corta los trozos de alambre que sobren de las terminales del componente soldado.

3.1.7.2 DESOLDAR COMPONENTES DE AGUJERO PASANTE

PASO 1

Coloca la placa con el componente por desoldar hacia abajo y toca con el cautín caliente la soldadura de estaño.

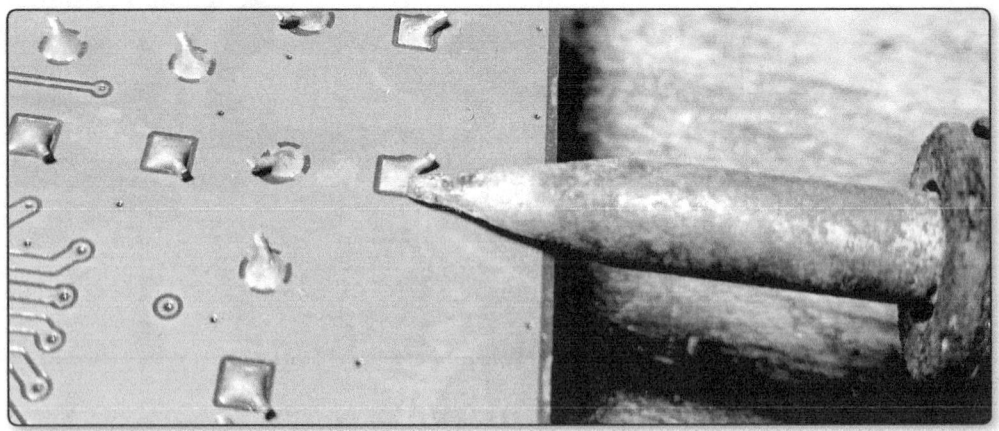

PASO 2

Baja el émbolo del succionador de estaño y ubica la boquilla junto al soldador cuando el estaño se haya calentado. Presiona el botón que libera el émbolo y el estaño será succionado. Cuando compruebes que la soldadura se removió, puedes utilizar la punta del cautín para empujar las terminales del componente, que caerá por su propio peso.

3.2 ACTIVIDADES

A continuación verás las preguntas y los ejercicios que deberías saber responder y resolver para considerar aprendido el capítulo.

3.2.1 Test de autoevaluación

1. ¿Cuál es la función que cumple el flux?

2. ¿Para qué puedes necesitar diferentes boquillas y punteros del soldador?

3.2.2 Ejercicios prácticos

1. Consigue placas de chatarra, y practica remover y volver a colocar componentes de diferente tipo.

4

TÉCNICAS AVANZADAS

En este capítulo analizarás algunas técnicas avanzadas de reparación electrónica: reflow, reballing y rework.

4.1 ¿QUÉ SON REFLOW, REBALLING Y REWORK?

En algunos escenarios, sobre todo en tarjetas de video o placas madre de notebooks que manejan un chip de video integrado, puede ocurrir que, debido a una mala refrigeración, se produzca un sobrecalentamiento del chip gráfico, que haga que alguna de las esferas de estaño que lo une a la PCB dañe su soldadura. En ese caso, dejará de hacer contacto y, posiblemente, provocará una pérdida de comunicación, con lo cual el equipo o dispositivo dejará de funcionar. Cabe destacar que este fallo se debe a un recalentamiento, por lo que afecta solo a equipos capaces de alcanzar una temperatura de trabajo importante. Esta situación es difícil que ocurra, por ejemplo, en tarjetas de video de bajo perfil o en placas madre con gráficos simples integrados (aunque no es imposible), porque no existe un sobrecalentamiento crítico en el chip de video, con lo cual sería casi imposible que se derritiera una soldadura.

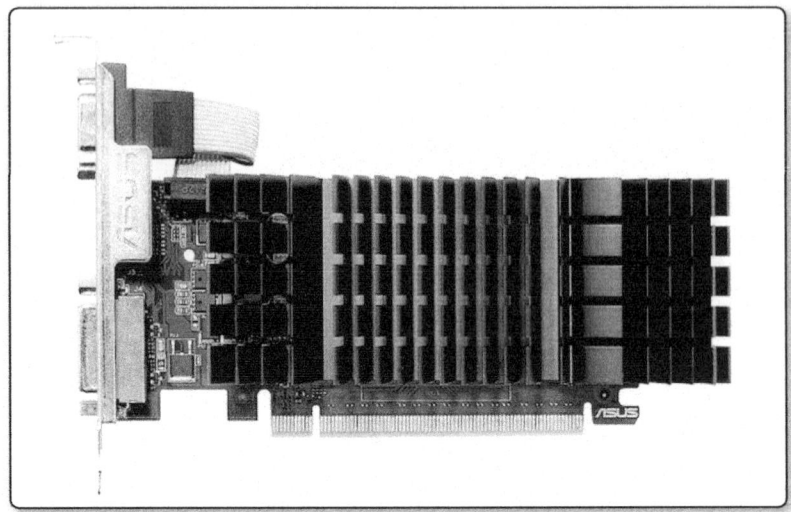

Figura 4.1. Muchas tarjetas de video de perfil bajo emplean disipación pasiva de temperatura, es decir, no requieren de un fan cooler, lo que hace difícil que se dañen por alta temperatura.

Antes de decantarte por enviar temperatura al chip gráfico (algo que muchos estudiantes hacen como primera opción), debes descartar otros fallos, como puede ser un **BIOS corrupto** u otro componente o etapa del dispositivo que esté dañado y no alimente correctamente al chip de video.

Las GPU suelen ser chips **BGA** (*Ball Grid Array*), aunque también encontrarás otros tipos de integrados que emplean esta soldadura y tal vez necesites cambiarlos o aplicarles calor.

La práctica conocida como reballing o rework consiste en remover con calor el chip BGA de la PCB, limpiar ambas superficies y reemplazar las viejas bolas de soldadura por otras nuevas. En cambio, el reflow consiste en aplicar calor controladamente a las esferas de soldadura para que se derritan y lograr que la que no hacía contacto vuelva a soldarse.

El reballing suele hacerse con una máquina específica, un equipo que calienta de manera uniforme la placa a reparar y, además, aplica calor a un área determinada de trabajo. No son equipos baratos, pero los hay de diferentes calidades y algunos, incluso, disponen de una programación interna con el calor específico para cada tipo de chip definido por la marca y el modelo. Si consigues la habilidad necesaria, puedes realizar este proceso, al menos en una primera etapa, con la pistola de aire de una estación de soldadura. Necesitaras más tiempo y más cuidado, pero con suficiente práctica, no es imposible hacerlo.

Figura 4.2. Los componentes BGA tienen sus terminales de conexión en la parte de
abajo, de forma que es más complejo soldarlos porque no puedes verlas.

Antes de comenzar a trabajar con soldaduras en chips BGA, es muy
importante que desarrolles experiencia y habilidad en esta tarea y que te adaptes a
las capacidades de tu estación de soldar, ya que es un proceso delicado, y un fallo,
podría resultar en un daño aún mayor. Mientras estudias, lo ideal es que practiques
con chatarra electrónica para poder cometer errores sin poner en peligro ningún
elemento.

Este tipo de fallo que veremos suele presentarse en tarjetas de video y
notebooks, sobre todo, si fueron overclockeadas, si no recibieron el mantenimiento
adecuado en su sistema de refrigeración, o si los equipos en pleno funcionamiento
sufrieron un golpe. Todo esto podría hacer que una de las esferas de soldadura se
dañara y, en algunos casos, también podría averiarse la propia GPU. En el pasado,
en ciertas marcas y modelos de equipos, los desperfectos en las soldaduras eran
comunes debido a errores de diseño, donde la soldadura del propio chip apenas
soportaba el calor. Esto se solucionaba mediante un reballing. En la actualidad, la
mayoría de estos problemas son debidos al uso incorrecto de parte del usuario.

Los fallos de soldadura en las placas madre eran habituales en una época en que las GPU eran un chip independiente soldado en el motherboard. El diseño de la electrónica en general ha ido evolucionando y las GPUs ahora están incorporadas en los procesadores, por lo que se benefician del sistema de refrigeración que estos utilizan, además de conseguir una mejor performance porque pueden transferir datos en una distancia menor.

En este momento, tal vez debas valerte de estas técnicas para reemplazar GPUs, chipsets, y procesadores y componentes integrados en diversos equipamientos electrónicos, como teléfonos móviles, tablets o consolas de videojuegos. Recuerda que los chips BGA son componentes electrónicos y están sujetos a daño solo por exceso de temperatura. También pueden fallar como todo elemento, o porque un voltaje ajeno a ellos los ponga en peligro. Por lo tanto, podrías verte en la necesidad de reemplazar un chip de esta clase.

En un principio, los chips BGA se soldaban a los **pads** o conectores de la PCB utilizando bolas de plomo. Más adelante, la directiva Europea **RoHS** prohibió el uso de este metal en la elaboración de componentes electrónicos, por lo que la aleación cambió, y hoy se usa una conocida como SAC, que toma su nombre de las siglas de los símbolos de sus principales componentes: estaño, plata y cobre (sus símbolos químicos son Sn, Ag y Cu, respectivamente).

En el mercado encontrarás dos clases de esferas para reballing: con plomo y sin plomo. Las primeras por lo general contienen un 63% de estaño y un 37% de plomo, mientras que las segundas suelen estar compuestas por 96,5% de estaño, 3% de plata y 0,5% de cobre.

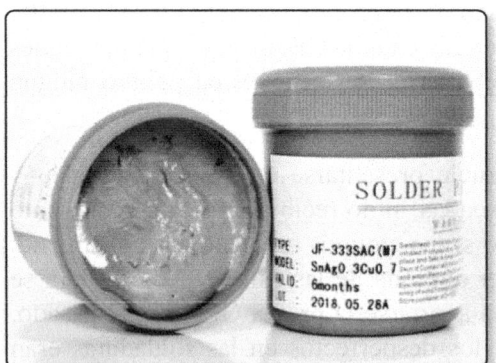 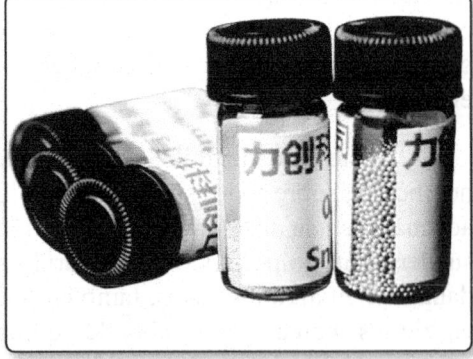

Figura 4.3. Para el reballing, deberás utilizar estaño en pasta o las esferas correspondientes al componente que quieras reparar.

En cuanto a las medidas de las esferas, cada tipo de encapsulado tiene sus particularidades, detalladas en los datasheets. Las medidas más frecuentes son 0.2 mm, 0.25 mm, 0.3 mm, 0.35 mm, 0.4 mm, 0.45 mm, 0.5 mm, 0.55 mm, 0.6 mm y 0.76 mm.

A nivel de trabajo, podemos decir que las esferas de plomo se funden a unos 183° C, mientras que las SAC necesitan 220° C. Ten en cuenta que esta temperatura es muy superior a lo que soporta un chip sin dañarse internamente por exceso de calor, de modo que, al trabajar con ellos, ten extremo cuidado y nunca envíes calor directamente al centro del chip.

Para que no se produzcan daños por recalentamiento, mantén los chips que así lo requieran bajo sus condiciones correctas de trabajo. Asegúrate de que estén libres de polvo y pelusa para que la temperatura se disipe correctamente, y reemplaza la pasta térmica por una de buena calidad cada cierto tiempo. Puedes darte cuenta si un electrónico con ventilación está trabajando a temperatura elevada porque, en general, estos dispositivos elevan las revoluciones de los fan coolers ante altas temperaturas. Si los ventiladores de tu tarjeta gráfica o notebook hacen más ruido de lo habitual, tal vez estén lidiando con un exceso de calor. Utiliza algún software de monitoreo de temperatura, como Speedfan, para determinar si es momento de realizar un mantenimiento preventivo.

4.2 REVISIÓN PREVIA AL REBALLING

La aplicación de calor en una placa debe ser tu última alternativa. Si bien es cierto que a veces no existe otro modo de solucionar el fallo, debes asegurarte de que el problema no esté en otro componente. Recuerda que aunque lo hagas con cuidado, estás enviando mucho calor a toda la placa en cuestión, y si lo haces simplemente con una pistola de calor, podrías desoldar algún componente muy pequeño, como resistencias y condensadores. Incluso con el flujo de aire puedes hacer que estos salgan despedidos de la placa o que, al desplazarse con estaño derretido en sus terminales, se produzca un cortocircuito que provoque daños peores que el que intentas reparar.

Ya sea que estés revisando una tarjeta de video, placa madre de notebook, (posibles escenarios en que se podría desoldar por calor) u otro chip con encapsulado BGA que podría haberse dañado por un cortocircuito y debas reemplazar, primero tienes que realizar ciertas mediciones para asegurarte de que realmente el problema sea de soldadura. Recuerda que hay muchos motivos por los cuales una tarjeta de video puede dejar de funcionar o por los que una notebook no tenga video.

Antes de seguir, consigue el datasheet del dispositivo y comprueba si los pines correspondientes a la alimentación de trabajo del chip están recibiendo el voltaje adecuado.

Por último, y por contradictorio que parezca, la secuencia de arranque no es implacable. Es una guía para encontrar el fallo, pero no se trata de algo lineal. Cada dispositivo electrónico es diferente, y cada etapa de la secuencia de arranque tiene ramificaciones en las que podría estar el fallo. Otro escenario posible son voltajes que están en la medición, pero que no se hayan disparado los eventos para que estén activos, si bien algún fallo en algún componente permite el paso de tensión sobre una terminal.

También puede darse el caso de que las lecturas entregadas por un componente o etapa de un circuito no sean las que el circuito necesita para funcionar. Por lo tanto, aunque haya voltaje, también deberás revisar que este sea el adecuado cotejándolo con el datasheet.

4.3 REFLOW

Esta técnica consiste en enviar calor al chip en cuestión para lograr que las mismas bolas de soldadura se derritan y, de esta manera, vuelva a efectuarse la soldadura. Es más sencilla y menos agresiva que el reballing.

Existen varios métodos para hacer reflow. El más correcto sería utilizar una máquina de reballing (puede hacer ambas tareas, ya que se basan en el mismo principio), que precalienta la PCB, generalmente, con un calentador de infrarrojo, y luego, calienta el área del chip por resoldar mediante una pistola de calor. Esto mismo puedes hacerlo tú solo usando la pistola de aire de una estación de soldar a no más de 220 grados de temperatura, ya que algunos integrados se dañan al llegar a ese umbral.

Por lo general, el reflow suele durar menos tiempo que el reballing, ya que no se reemplazan las esferas de soldadura y es posible que estas, con el tiempo, hayan perdido sus propiedades para derretirse y soldarse correctamente. El éxito de esta reparación dependerá, principalmente, del estado de estas bolas de soldadura, que además, pueden estar contaminadas con suciedad, humedad y otras partículas que impidan un buen contacto entre el chip y el pad de la PCB. No podrás evaluar visualmente estos factores porque en ningún momento de este proceso se retira el chip de la PCB.

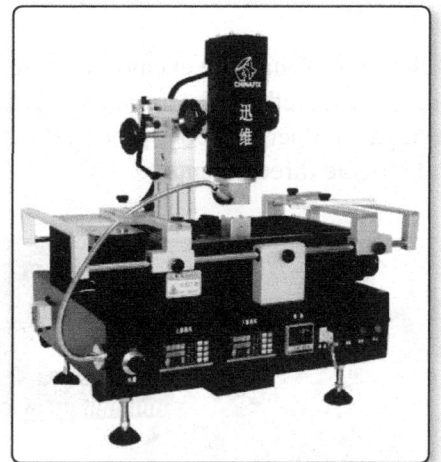
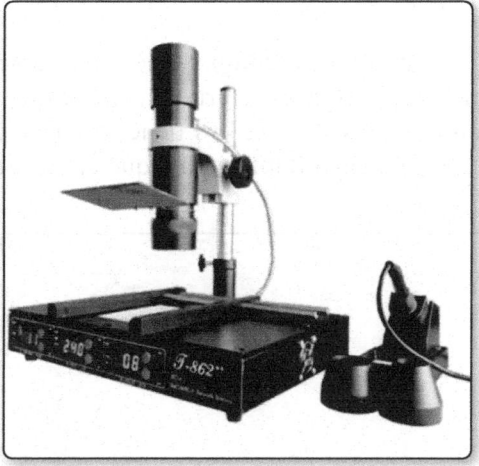

Figura 4.4. Si bien lo ideal es utilizar estaciones de reballing, con la práctica
podrás lograr un resultado aceptable trabajando con tu estación de soldar.

PASO 1

Utiliza un poco de alcohol isopropílico para limpiar el área de trabajo;
ayúdate con un cepillo de dientes para remover toda la suciedad y contaminantes
que podría tener la placa.

PASO 2

Protege los componentes cercanos al chip para evitar que el calor los afecte. Para hacerlo, puedes valerte de papel de aluminio o cinta reflectora térmica. Si el chip al que intentas hacer reflow tiene un cristal en su parte superior, debes protegerlo con un trozo de cinta **Kapton**, para que el calor no lo afecte directamente.

PASO 3

Coloca un poco de flux en tres bordes del integrado, pero no en el último; esto hará que, al derretirse el flux, se cuele bajo las esferas de soldadura evacuando el aire, que saldrá por el cuarto costado del chip. Si pones flux en los cuatro lados, cuando se derrita atrapará al aire que esté entre el centro del chip y la PCB, y el reflow no funcionará bien porque no habrá flux líquido transfiriendo el calor en ese punto.

PASO 4

Durante unos segundos aplica calor a la placa con la pistola de aire a unos 120 grados, pero por el lado contrario a donde se encuentra soldado el chip en cuestión. Esto se hace para precalentar la placa. No dejes fija la pistola de aire en el mismo punto; realiza movimientos circulares a dos o tres centímetros de distancia de ella.

Cuando veas que el flux comienza a derretirse, continúa por unos cinco segundos más y luego comienza a calentar por la parte del chip, siempre haciendo movimientos circulares a unos tres centímetros, sin detenerte nunca. Prosigue durante tres minutos.

PASO 5

Deja que la placa se enfríe y luego remueve el papel aluminio y la cinta térmica que hayas aplicado. Cuando la notes fría, aplica alcohol isopropílico y usa un cepillo de dientes para limpiar los restos de flux. Vuelve a ensamblar el dispositivo para probarlo.

4.4 REBALLING

El proceso de reballing, o recolocación de bolas, consiste en remover completamente el chip BGA de la PCB y reemplazar las viejas esferas por otras nuevas. También es conocido con el nombre de rework, que se interpretaría como rehacer o retrabajar. Para este caso deberás utilizar esferas de plomo o de aleación SAC.

Uno de los principales puntos en este proceso es que si la placa sobre la que estás trabajando no está correctamente sujeta, corres el riesgo de que se pandee o se doble y pierda su forma, lo que ocasionará inconvenientes a la hora de reinstalarla. Además, como estarás enviando calor durante más tiempo, debes tener cuidado de no dañar el chip y desprenderlo en el momento justo, para evitar daños en las pistas de la PCB. Como ventaja, si el trabajo está bien realizado, debería ser más duradero que un reflow, porque se reemplazan las esferas de soldadura por otras nuevas.

Figura 4.5. Para cada tipo de chip BGA deberás utilizar su stencil correspondiente, que puedes adquirir por separado o en kits.

Dado que cada chip BGA tiene una disposición de pines diferente, deberás valerte de una herramienta conocida cono stencil. Se trata de una fina lámina de metal con perforaciones correspondientes a cada terminal del chip, de modo que puedes ubicar las nuevas bolas sobre los pines sin problemas. Ten en cuenta que cada integrado necesita su modelo específico de stencil. Entonces, si piensas dedicarte a este tipo de reparaciones, será una buena idea que vayas armando tu propia biblioteca de stencils de cada modelo de chip que necesites. Piensa en los diferentes tipos de integrado BGA con los que puedes trabajar, ya que hay de motherboards, de telefonía móvil, de consolas de videojuegos, etcétera. También recuerda que el diámetro de las esferas utilizadas varía dependiendo del integrado, al igual que cambia la separación entre una esfera y otra.

En tiendas de electrónica o en Internet puedes adquirir completos kits de stencils con un soporte y accesorios para realizar mejor el proceso de reballing, aunque la pieza más importante es, sin duda, el propio stencil.

Para realizar un buen reballing, lo ideal es contar con una estación de soldar que tenga una buena potencia; de lo contrario, te llevará más tiempo desprender el integrado de la PCB. Un aspecto vital, al que debes prestar suma atención, es no realizar ningún tipo de fuerza en el chip que intentes remover, ya que si alguna esfera aún está soldada y haces presión, podrías arrancar una o más pistas de la PCB y dejarla arruinada.

Según lo que estés reparando, algunos chips están protegidos por una resina que ayuda a mantenerlos unidos a la PCB, la cual debes quitar antes de comenzar el reballing. Para hacerlo, ajusta tu estación de soldar a unos 270 grados y comienza a calentar en círculos mientras raspas la resina con la punta de un bisturí o cuchillo. Ten cuidado de no rayar las pistas de la PCB.

PASO 1

Al igual que para el proceso de reflow, debes limpiar la placa de toda impureza utilizando alcohol isopropílico y un cepillo de dientes. Luego protege los componentes que no desees afectar usando papel aluminio, y aplica flux en tres caras del chip, exactamente como lo harías en un proceso de reflow.

PASO 2

Comienza a dar calor a la placa con la pistola de aire a 120 grados, haciendo movimientos circulares a 2 o 3 centímetros de la PCB y usando la boquilla más gruesa que tenga la estación. El flux comenzará a evaporarse y verás salir vapor. Cuando esto ocurra, sube la temperatura a 480 grados y el flujo de aire a 90%.

PASO 3

Mantente unos minutos haciendo círculos sobre el integrado que desees remover y, usando una herramienta metálica, prueba a ver si se libera. En cuanto las esferas de soldadura se derritan, el chip se deslizará sobre la PCB. Intenta darlo vuelta para que no se suelde otra vez con las viejas esferas.

Nunca hagas fuerza o dañarás algún componente. Cuando el chip esté libre, lo notarás. Dependiendo de la potencia de tu estación de soldar, quizá necesites 10 minutos de aplicación de calor.

PASO 4

Deja que la PCB se enfríe. Puede que veas que se dobló un poco por efecto del calor; esto es normal, pero al enfriarse debería recuperar su forma. Cuando se enfríe, utiliza el cautín para aplicar estaño nuevo a los pads de la placa. Esto hará que se funda con el estaño viejo y sea más fácil quitarlo.

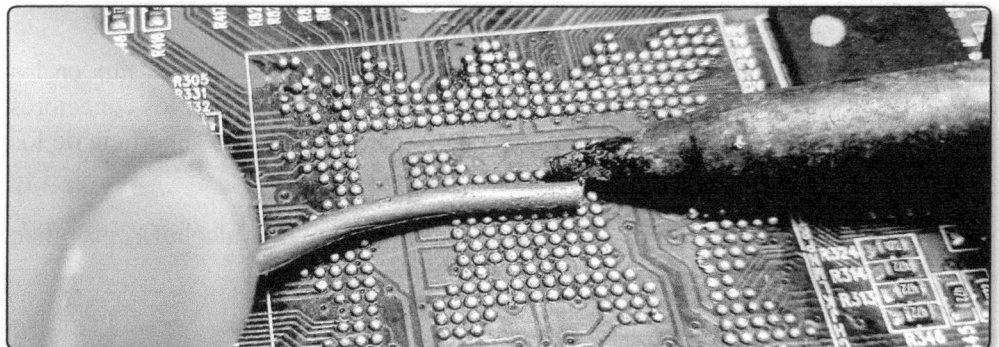

Coloca un poco de flux en los pads que estañaste y usa la malla de desoldar para remover la soldadura anterior; permite que el soldador se deslice libremente con la malla sobre los pads por limpiar. Si la malla se pegara sobre la placa, no des un tirón, solo aplícale calor con el cautín y se despegará. Es importante que utilices el cautín acostado y no de punta, ya que de esta forma tendrás más superficie de transferencia de calor a la malla desoldante.

Cuando finalices, limpia todo con abundante alcohol isopropílico y examina bien que no hayan quedado restos de flux o estaño viejo.

PASO 6

Limpia los contactos del chip que sacaste. Para hacerlo, coloca flux en los conectores y aplica un poco de estaño en pasta. Tal como hiciste con los conectores de la PCB, utiliza la malla desoldante y el cautín para quitar de la superficie de los contactos los restos de las viejas esferas de soldadura.

Cuando finalices, limpia la superficie de los contactos con alcohol isopropílico y déjalo así libre de impurezas.

PASO 7

Busca el stencil que coincida con el chip en el que estás trabajando y límpialo con alcohol. Posiciónalo sobre el chip de forma que los huecos del stencil coincidan con los conectores. Mantén sujeto el stencil al chip con una prensa, que suele venir en los kits, o con cinta de aluminio.

PASO 8

Haz coincidir una esfera de soldadura en cada hueco del stencil. Cuida que ningún hueco quede vacío y que no quede más de una esfera superpuesta. Puedes utilizar una espátula pequeña para remover el sobrante de esferas de la superficie del stencil. Otra opción es que apliques estaño en pasta para rellenar los huecos del stencil; en este caso, deberás remover también los sobrantes de estaño y asegurarte de que todos los huecos tengan estaño.

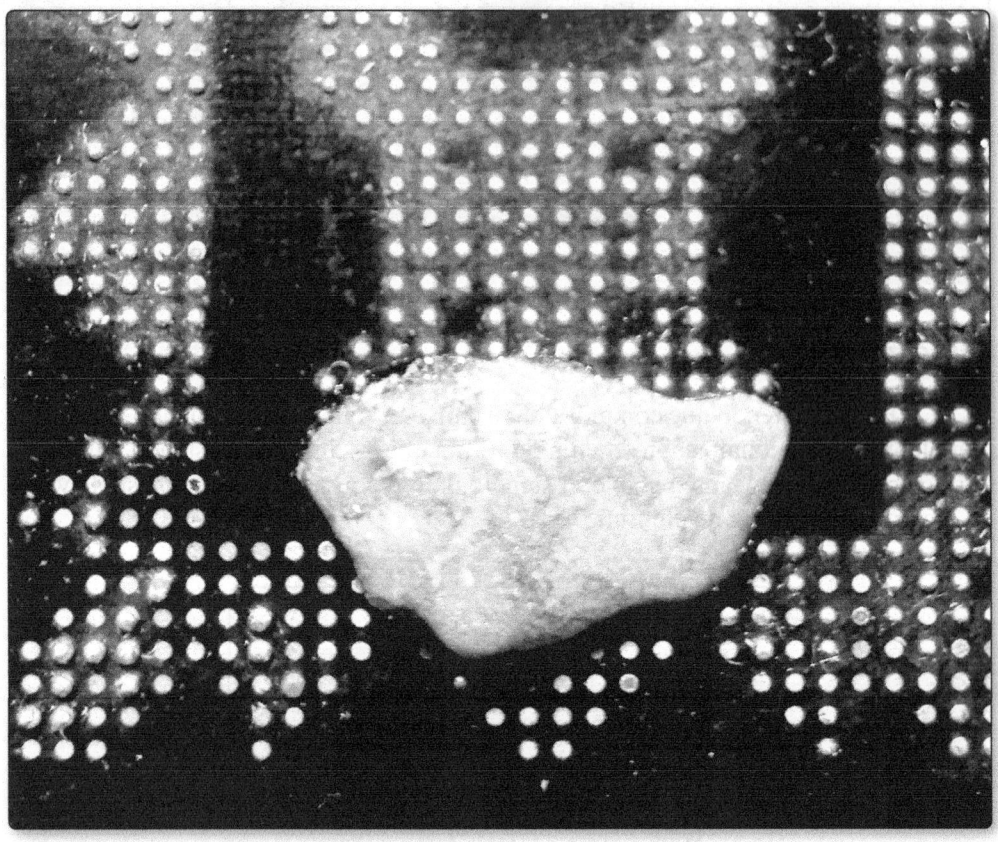

PASO 9

Utiliza la pistola de aire de la estación de soldar para enviar calor a todos los huecos del stencil. Si usaste esferas de soldadura, estas se soldarán a los pads del chip; y si empleaste estaño en pasta, ante el calor este se soldará y tomará la forma de los huecos del stencil. Aplica una temperatura de 200 grados y un flujo de aire del 50% durante un minuto. Luego sube la temperatura a 230 grados por un minuto y después a 270 grados. Siempre haz movimientos circulares o dañarás el chip; nunca dejes la pistola de aire en el mismo sitio sin moverla. Cuando veas el estaño derretido, permite que se enfríe durante 10 segundos y luego, con cuidado, retira el stencil del chip.

PASO 10

Revisa con una lupa que todas las soldaduras estén correctas. Después aplica alcohol isopropílico a la soldadura y frótala con un cepillo de dientes de cerdas finas para sacar restos de flux; ten cuidado de no arrancar ninguna esfera. Luego de la limpieza, repite la revisión con lupa para cerciorarte de que todas las esferas estén bien.

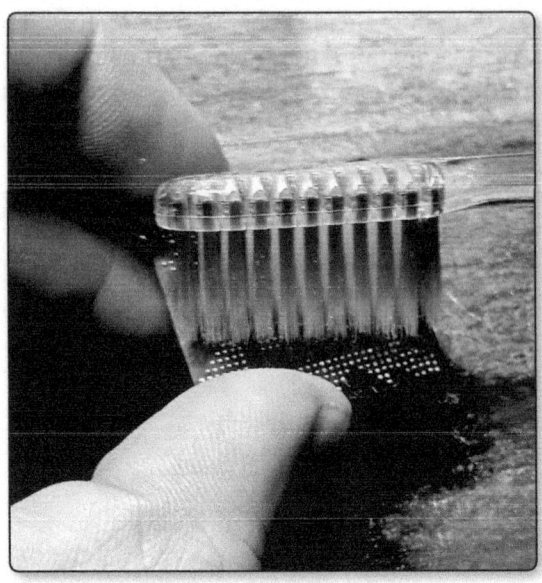

PASO 11

Coloca un poco de flux en la superficie de los pads y calienta la placa con la pistola de aire. Todos deben tener la misma cantidad de flux derretido encima para que la nueva soldadura sea eficiente.

PASO 12

Ahora debes ubicar el nuevo chip. Ten en cuenta que hay una marca indicando la ubicación del pin1, tanto en el chip como en la PCB; ambas deben coincidir al momento de realizar la soldadura; de lo contrario, podrías dañar el chip.

PASO 13

Utilizando la pistola de calor y haciendo movimientos circulares, envía 300 grados de aire con un flujo del 80% durante un minuto; luego sube a 350 grados durante un minuto, a 380 otro minuto y finalmente a 400 grados por un minuto más (estos valores pueden variar dependiendo de la estación que uses, así como de la temperatura y la humedad ambiente; tómalos solo como referencia). Jamás dejes la boquilla de aire sobre el mismo punto. Cuando finalices, puedes probar con una espátula metálica si el chip está soldado o aún se desliza sobre la PCB.

Verás que en cierto momento el chip se asienta en la placa y parece acomodarse por sí mismo. Esto significa que las esferas se han soldado a los pads. Realiza movimientos circulares sobre el chip de modo de calentarlo uniformemente; no dejes la boquilla de aire sobre el mismo punto. Deja enfriar y luego limpia con alcohol isopropílico.

4.5 ACTIVIDADES

A continuación verás las preguntas y los ejercicios que deberías saber responder y resolver para considerar aprendido el capítulo.

4.5.1 Test de autoevaluación

1. *¿En el proceso de reballing puedes utilizar cualquier tipo de esfera de soldadura en cualquier chip?*

2. *¿Cuál es la forma correcta de aplicar aire caliente a un chip para hacer reflow o reballing?*

3. *¿En cuántos lados del chip BGA debes aplicar flux para trabajar con calor y por qué?*

4. *¿Para qué sirve el stencil?*

5. *¿En qué se diferencia el reflow del reballing?*

4.5.2 Ejercicios prácticos

1. Busca componentes BGA en electrónicos dañados y, utilizando la estación de soldar, remuévelos de la placa para familiarizarte con el proceso y con las capacidades de tu equipamiento.

2. Limpia los conectores valiéndote de las técnicas mencionadas, tanto en la PCB como en el propio chip.

3. Consigue el stencil adecuado para ese chip y practica el proceso de reballing en él.

4. Utiliza la estación de soldar y vuelve a colocar el integrado en la PCB.

GLOSARIO

▶ **ATX:** (*Advanced Technology eXtended*) especificación desarrollada por Intel en 1995, que define tanto el factor de forma como las principales características electrónicas de una computadora personal.

▶ **BGA:** tipo de encapsulado SMD que se usa en circuitos integrados por medio de una serie de soldaduras, las cuales se llevan a cabo mediante el calentamiento de bolillas de estaño en la parte de abajo del componente.

▶ **BIOS corrupto**: situación en la que un componente como el BIOS se daña a nivel lógico, es decir que se corrompe el programa que trae grabado, sin que exista un daño a nivel físico, por lo que puede volver a grabarse para funcionar normalmente.

▶ **Carga de trabajo**: fuerza que debe realizar el flujo eléctrico para completar el circuito.

▶ **Cautín:** soldador de mano utilizado para soldar estaño; puede ser un elemento independiente o venir junto a una estación de soldar.

▶ **Componente discreto**: componente electrónico en cuyo encapsulado hay un solo elemento, a diferencia de los circuitos integrados, que tienen varios y de diferentes tipos.

▶ **Datasheet:** hoja de datos del fabricante donde se muestran todas las características y valores de funcionamiento de un componente particular.

▶ **Estados lógicos**: cada uno de los niveles que tiene una señal, que pueden ser alto o bajo.

▶ **Elementos activos**: componentes que pueden controlar el flujo de la electricidad, como transistores o mosfets.

▶ **Elementos pasivos**: componentes que no pueden controlar la corriente mediante otra señal eléctrica; por ejemplo, condensadores, resistencias, diodos e inductores.

▶ **Flux:** fundente químico utilizado en las soldaduras con estaño, que actúa como decapante limpiando las piezas que se van a soldar.

▶ **Frecuencia:** medida del número de veces que se repite un fenómeno por unidad de tiempo. En el caso de la energía, es la cantidad de veces o ciclos en que la onda se repite por segundo.

▶ **Kapton:** también llamada Kampton, cinta adhesiva amarilla con capacidades térmicas que se utiliza para proteger zonas críticas en trabajos con componentes como chips de video durante la soldadura.

▶ **Malla desoldante**: trenza de fibras de alambre de cobre con un núcleo de resina destinadas a captar el estaño de descarte que se produce al desoldar componentes en una PCB.

▶ **Pads:** conectores dispuestos en las placas de circuitos para soldar las terminales de los componentes electrónicos y contactarlos entre ellos. Pueden tener forma redonda, cuadrada o rectangular, dependiendo del componente que van a alojar.

▶ **Radiofrecuencia:** interferencia electromagnética capaz de generar una perturbación en un componente o circuito electrónico creada por una fuente de radiación electromagnética ajena a él, que genera un fallo en el normal funcionamiento del circuito.

▶ **RoHS:** sigla de *Restriction of Hazardous Substances*, directiva europea que regula aspectos relacionados con la electrónica y la fabricación de dispositivos electrónicos.

▶ **Schottky:** tipo de diodo conocido como diodo de barrera, que se caracteriza por conseguir conmutaciones rápidas entre los estados de conducción directa e inversa utilizando tensiones de trabajo muy bajas.

▶ **Semiconductores:** componentes que se comportan como conductores o aislantes dependiendo de factores como el magnetismo y la radiación.

Parte 2

Diagnósticos
Reparaciones avanzadas

5

OSCILOSCOPIO

Para realizar reparaciones más avanzadas a nivel electrónico, es vital comprender qué ocurre entre los diversos componentes que coexisten en una placa de circuitos, y también medir cómo se comunica cada uno con el resto y de qué manera se transforma la carga eléctrica que se mueve entre ellos. Para esto deberás valerte de una herramienta vital que es el osciloscopio, la cual te permitirá ver a nivel gráfico cada lectura del circuito analizado.

5.1 SEÑALES DIGITALES

La electrónica se basa en la adquisición y generación de señales, por lo que es importante saber qué son y qué tipos existen, además de sus aplicaciones concretas. La electrónica maneja dos tipos de señales:

- ▶ **Señales analógicas**: tienen varios valores representables. Un buen ejemplo es el potenciómetro de volumen de un parlante: al moverlo, el volumen sube o baja en diferentes valores que determinarán el nivel de la música.

- ▶ **Señales digitales**: solo presentan dos estados posibles, que no exista voltaje, lo que determina un estado lógico bajo; y que haya voltaje, lo que se conoce como estado lógico bajo. Lo que importa es la existencia de voltaje, más allá de su valor.

El estado lógico alto se conoce también como valor 1 o Verdadero (True en inglés), mientras que el estado lógico bajo es un 0 o Falso (False). Esta es la base del sistema binario y las operaciones booleanas, clave para el procesamiento de la información.

Evidentemente, para que el circuito pueda funcionar dentro de sus especificaciones sin dañarse, el voltaje que determina la señal debe estar dentro de un rango. Por ejemplo, en el CMOS, un voltaje de entre 5 voltios y 3,3 voltios representaría un 1 lógico.

Un caso de una señal digital es el pulsador de un timbre: mientras el botón está apretado, el estado de la señal es alto; cuando se lo suelta, desaparece el voltaje y el estado de la señal pasa a ser bajo.

En las señales digitales, además de los respectivos niveles existen las transiciones entre un estado bajo a alto, y viceversa, que se conocen como flanco. En toda señal hay flancos de bajada y flancos de subida.

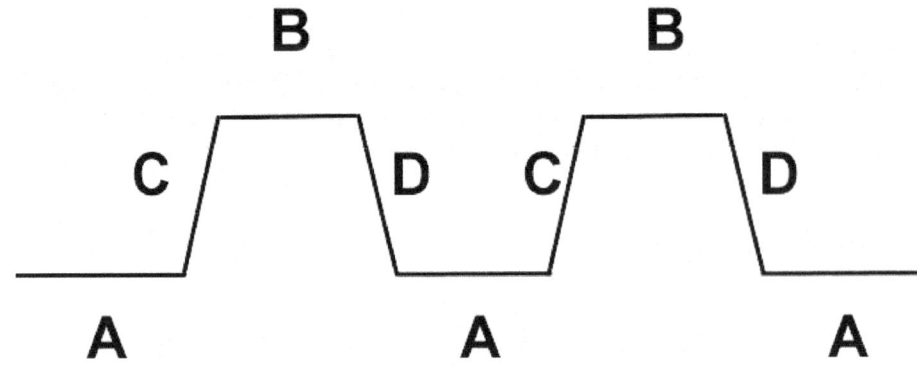

Figura 5.1. Una señal digital se compone de un nivel bajo A, un nivel alto B, un flanco ascendente C y un flanco descendente D.

5.1.1 El osciloscopio

El osciloscopio es una herramienta que permite medir voltaje en función del tiempo. A diferencia del multímetro, que solo muestra voltaje en un momento determinado, con el osciloscopio puedes estudiar la evolución de una señal o voltaje en cierto período de tiempo. Esto es posible ya que los tiempos de muestreo en un osciloscopio son extremadamente rápidos frente a los utilizados en el multímetro, que es una herramienta mucho más lenta para obtener la medición. Con un multímetro, por ejemplo, no podrías medir una señal PWM (*Pulse With Modulation*), ya que dicha lectura solo mostrará el valor promedio del voltaje, mientras que un osciloscopio mostrará la señal en sí (**Figura 5.2**).

Lo cierto es que la herramienta que más utilizarás será el multímetro, mientras que emplearás el osciloscopio en casos más puntuales. Un ejemplo de las diferentes capacidades entre ambos es el funcionamiento de un bus de datos. En estos casos, es común que trabajen enviando paquetes de datos que podrían ser vistos en el osciloscopio como momentos en estado bajo y momentos en estado alto de cierta duración, cada uno de los cuales se debe suceder de esa forma para que pueda establecerse la comunicación entre diversos componentes. Si realizaras la misma medición con un multímetro, en vez de ver una señal compleja, verías un valor que representa el promedio de la señal, por lo que no podrías comprender la forma de la señal en sí, sino netamente un valor; solo verías voltaje en el bus, pero no sabrías si está trabajando o no.

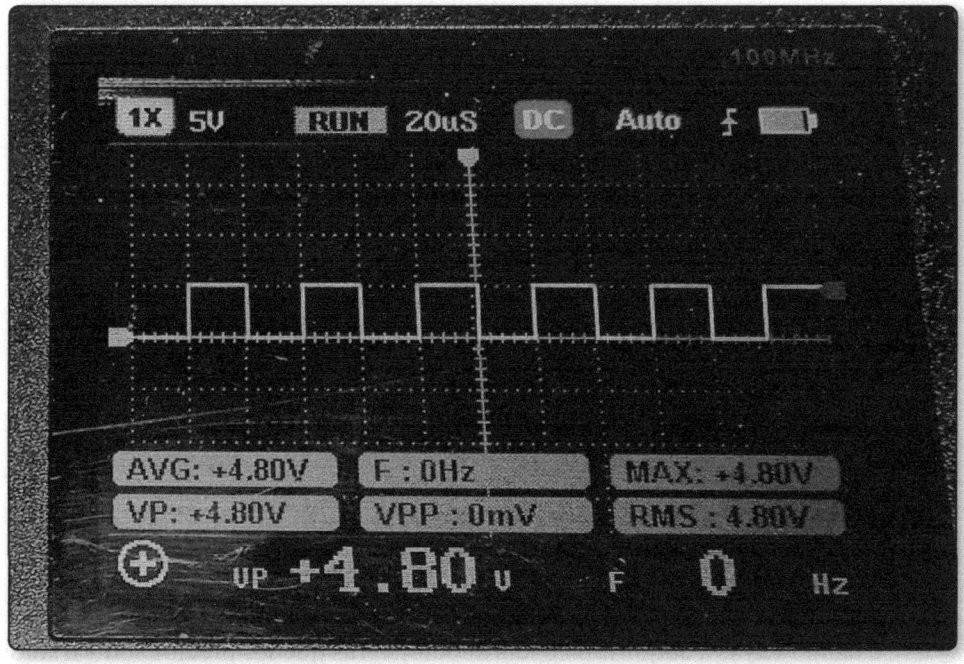

Figura 5.2. Una señal modulada por pulso se vería de esta forma en un osciloscopio, mientras que en un multímetro simplemente se vería un valor estático.

Otra característica que distingue a un osciloscopio es que este puede guardar imágenes de las lecturas y luego mostrarlas en pantalla. Esto es útil porque si, por ejemplo, en un período de tiempo relativamente corto se le aplica voltaje a una línea y se lo quita (podría tratarse de un pulso enviado para sincronizar algo como una línea de reset), es posible que el multímetro no sea capaz de leerlo si esto ocurre muy rápido, pero el osciloscopio sí podrá hacerlo.

Uno de los puntos importantes de poder contar con un osciloscopio es que puedes saber si una señal o voltaje tiene ruido. Por ejemplo, las fuentes de alimentación suelen trabajar a 5 voltios (en placas de smartphones, notebooks, desktops y muchas más), pero suele ocurrir que el voltaje tiene un margen aceptable de tolerancia; muchas veces verás que entregan entre 4,9 y 5,1 voltios. Esto puedes comprobarlo utilizando un multímetro, pero con un osciloscopio verás más información: si esos voltajes son estables o, por el contrario, si tienen lo que se denomina ruido, que no es otra cosa que fluctuaciones de voltaje en forma de picos que pueden ocasionar inestabilidad o fallos diversos. Otro caso en que es de ayuda tener un osciloscopio es cuando quieres detectar un cambio de estado en una línea de comunicación, ya sea el paso de un estado a otro o un cambio momentáneo, que podrá verse en la forma de la onda recibida.

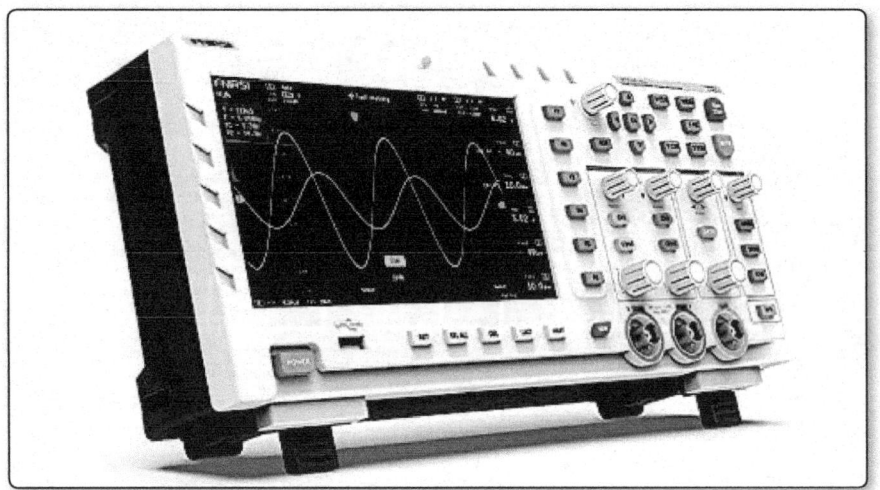

Figura 5.3. Existen en plaza diferentes variedades de osciloscopios, desde algunos portátiles hasta potentes equipos para un banco de trabajo.

Cuando vayas a adquirir un osciloscopio, verás que los precios son variados. Hay algunos aspectos que debes tener en cuenta al elegir uno:

▶ **Samplerate**. También conocido como tasa de muestreo. Cuando un osciloscopio lee una señal analógica, la transforma en una serie de puntos que luego utiliza para mostrar en pantalla, uniéndolos e intentando recrear la onda tal como fue leída. Si dispone de buena capacidad de muestreo, la onda será representada fielmente, pero en modelos con un samplerate más bajo, se unirán menos puntos y la imagen resultante será de formas más cuadradas, no una curva perfecta. Así se perderá fidelidad de la onda mostrada en referencia a la real.

▶ **MegaHertz**. Cuando realizas una medición, para que esta sea fidedigna lo ideal es leerla con un osciloscopio que tenga más ancho de banda que la propia señal, de modo de procesarla. Si piensas leer una señal de 100 MHz analógica, te convendrá utilizar un equipo que tenga tres veces más potencia, o sea que, como mínimo, tenga 300 MHz. En el caso de las señales digitales, este límite se eleva más aún y lo adecuado será contar con un equipo que tenga al menos cinco veces más ancho de banda que la señal por medir; esto te permitirá observar todos los detalles de la onda. Si no puedes costear un equipo de estas características, no hay problema, pero ten en cuenta que la señal que veas puede no ser un reflejo fiel de la realidad, y podría haber picos de voltaje que no se estén mostrando.

▶ **Memoria**. Se la utiliza para almacenar la información del muestreo y luego mostrarla en pantalla. Si la memoria es baja, entonces podría perderse parte de la información recolectada y por eso no mostrarse correctamente en pantalla.

▶ **WFPS** (WaveForms Per Second, formas de onda por segundo). Todos los osciloscopios trabajan tomando una muestra de la señal, procesándola y luego mostrándola en pantalla. El problema es que, entre un tiempo de captura de datos y el siguiente, hay un tiempo muerto en que no se toma una muestra de la señal. Cuanto mayor sea esa ventana donde no se toman muestras, mayor será la posibilidad de que se pase por alto una señal defectuosa.

5.1.2 Uso del osciloscopio

Debido a los diferentes modelos y fabricantes de osciloscopios que hay, es imposible crear una guía de uso que abarque todos; sin embargo, todos se rigen por el mismo funcionamiento.

En todo osciloscopio verás representado en la pantalla el voltaje respecto al tiempo: en el eje Y está el voltaje (el eje que va de arriba hacia abajo en la pantalla), y en el eje X, el tiempo de lectura (eje horizontal). En muchos modelos de osciloscopio hay una sección que engloba los controles de vertical y otra con los controles de horizontal. Algunos modelos tienen más de un canal, y los controles de horizontal y vertical funcionan en ambos, simplemente, debes poner el canal respectivo.

El potenciómetro de posición moverá el gráfico de arriba abajo en la pantalla. También hay un potenciómetro de escala que te permite multiplicar el gráfico respecto a la grilla que aparece en pantalla.

Algunos osciloscopios analógicos cuentan con un interruptor que dice **AC CD** y **Ground**. Este último es para ponerlo a tierra y es la forma de decirle al osciloscopio que ponga ese canal en reposo; las otras opciones permiten medir energía alterna o continua respectivamente. En los modelos digitales basta con apagar el canal deseado.

Otro botón que encontrarás es el **Trigger** o disparador, que generará una línea que, al ser tocada por la onda, la dejará estable en pantalla; si no es tocada, verás una sucesión de ondas en el tiempo, es decir que, mientras pasa el tiempo, si la onda va cambiando, verás esos cambios sucederse, lo cual puede resultar bastante confuso. En muchos osciloscopios que manejan varios canales deberás setear mediante botones a cuál de ellos aplicas el trigger.

Un concepto que debes conocer se refiere a las puntas de prueba, que pueden ser de **1x**, **10x** o **100x**; tenlo en cuenta al configurar por primera vez tu osciloscopio.

Para comenzar, debes oprimir el botón del canal con el que deseas trabajar; por lo general, se llama **Channel**, o **Ch1** o **Ch2** si tuvieras más de un canal. Si comienzas a medir algo pero no ves nada en la pantalla, mueve los controles de posición (potenciómetros o botones) hasta que aparezca la onda (**Figura 5.4**).

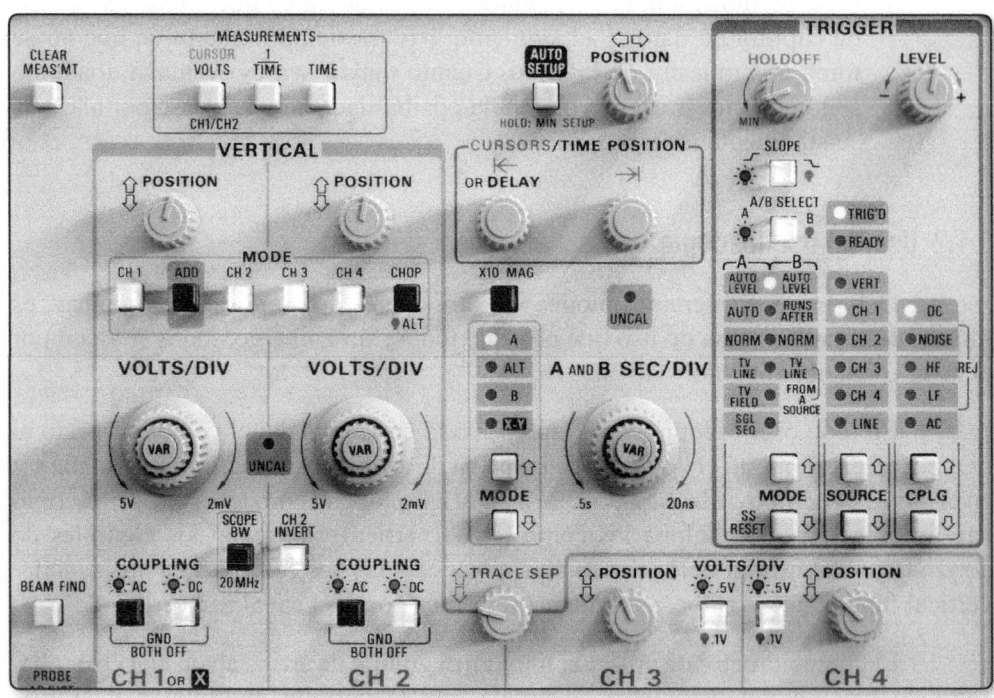

Figura 5.4. Los controles pueden variar dependiendo de la marca del equipo, pero encontrarás las mismas funciones en todos.

Ahora utiliza los controles de escala para visualizarla como desees. Lo ideal es que muevas la lectura para hacer que la línea vertical coincida con una línea vertical de la grilla, y que la línea horizontal de la señal medida coincida con una de las líneas de debajo de la grilla. Esto te servirá como referencia para tus cálculos.

Del punto más bajo de la onda al punto más alto, existe lo que se conoce como Vpp o Voltaje Pico a Pico. Contando los cuadrados de la grilla puedes calcular el valor dependiendo de cómo estén configurados los controles verticales. Si tu osciloscopio es analógico, debes multiplicar este dato por la atenuación de tu sonda de pruebas. Si es digital, ese dato lo habrás configurado al momento del arranque inicial (o puede que incluso ya venga preconfigurado de fábrica). La fórmula quedaría de esta manera:

- ▶ **Osciloscopio digital:** Vpp = cuadrados de grilla x multiplicador de escala digital

- ▶ **Osciloscopio analógico:** Vpp = cuadrados de grilla x multiplicador de escala digital x atenuación de la punta (1x, 10x o 100x).

Para calcular el tiempo en el que sucede la onda, simplemente debes multiplicar la cantidad de cuadrados de la grilla por la escala horizontal seleccionada. De esta forma podrás saber cuántas veces por segundo se completa un ciclo de la onda (un ciclo es cuando la onda completa su recorrido antes de comenzar otro); esto se conoce como frecuencia, es decir, cuántas veces por segundo ocurren los ciclos.

Muchos osciloscopios tienen una función de almacenamiento, que toma una instantánea de la señal medida. Algunos solo guardan datos en una memoria interna y otros permiten hacerlo en una memoria USB. Esto puede servir como medida de referencia o para analizar más adelante.

En cuanto a las puntas de prueba, no se trata simplemente de cables con puntero, como en los multímetros. En este caso, el puntero se compone de un cable con una pinza caimán que deberá conectarse a algún punto de ground del dispositivo que se desee medir, mientras que el puntero en sí será el que toque los puntos donde se quiera realizar la medición. Dentro de la punta del osciloscopio hay un interruptor del que puedes seleccionar 1x y 10x, lo cual te brindará un factor de amplificación de la señal.

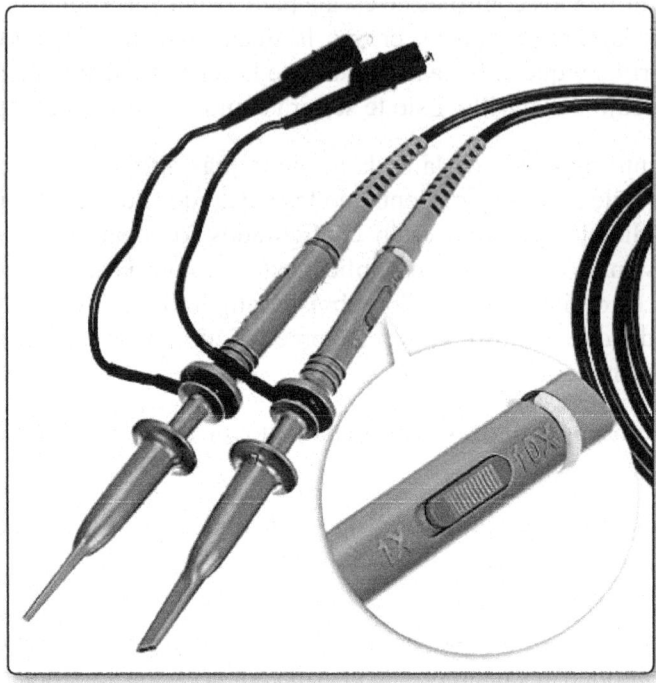

Figura 5.5. En la sonda de pruebas hay un botón para amplificar la
señal 1x (normal) o 10x (10 veces de amplificación).

Antes de empezar a utilizar el osciloscopio, es necesario calibrar las puntas
de prueba, sobre todo, si es nuevo. Para hacerlo, hay un tornillo en la propia punta,
que en realidad es un capacitor variable; suele estar en la parte del cable que se
conecta al equipo, pero en algunos modelos también puede hallarse en el otro
extremo. Dependerás de que tu equipo disponga de un generador de funciones,
aunque no todos los modelos lo traen. Esto básicamente genera una onda cuadrada
que es entregada por una terminal para ese fin. Al leerla, tú recibirás posiblemente
la misma onda pero distorsionada, y con un destornillador fino de paleta deberás
girar de un lado a otro el tornillo de la punta de prueba para conseguir que la onda
representada en pantalla sea una onda cuadrada y sin distorsiones.

5.1.3 Realizar mediciones con tu osciloscopio

Efectuar mediciones con un osciloscopio es muy similar a hacerlo con un
multímetro; en la mayoría de los componentes que midas, la diferencia es que podrás
ver, además del valor numérico, una gráfica que indica el voltaje con el que está
trabajando el componente. Pero hay casos, como la medición de osciladores o chips

del BIOS, en los que podrás ver gráficamente los pulsos que son enviados por la línea de datos del componente o líneas de PWM (verás una onda escalonada). Con un multímetro, toda esta información sería interpretada como un valor promedio, y nunca sabrías si se está dando la secuencia de eventos correcta.

PASO 1

Coloca la pinza cocodrilo en algún punto de ground de la placa que vas a medir. Puede ser un punto en el PCB para tal fin o un tornillo o parte metálica; recuerda que todos los puntos de ground están unidos entre sí.

PASO 2

Configura el osciloscopio para medición de corriente continua, que suele referenciarse como DC. Para saber cómo hacerlo en tu equipo deberás guiarte por el manual del fabricante.

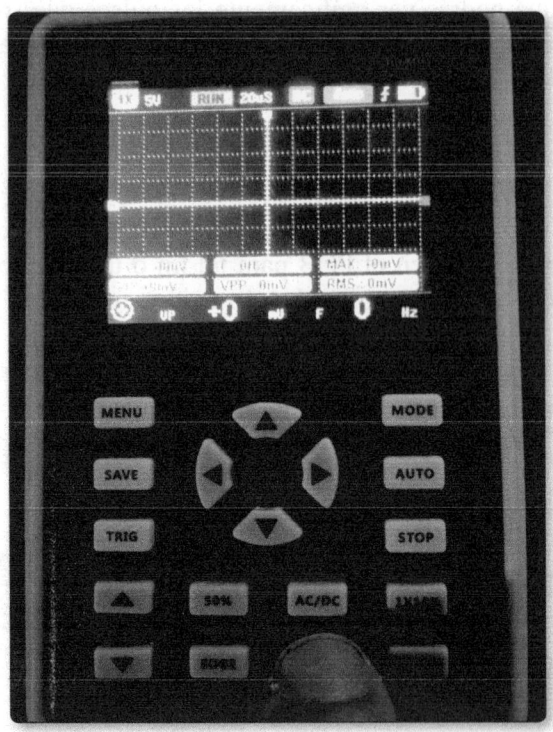

PASO 3

Toca con la punta de prueba la terminal de los componentes que desees medir y observa las lecturas en la pantalla. Si la terminal muestra un voltaje estable, verás simplemente una línea recta (izquierda). Por el contrario, si estás midiendo un cristal oscilador, encontrarás una onda sinoidal (centro), mientras que una transferencia de datos en una terminal de un circuito integrado presentará múltiples picos y valles que representan los ceros y unos viajando por el bus de datos (derecha).

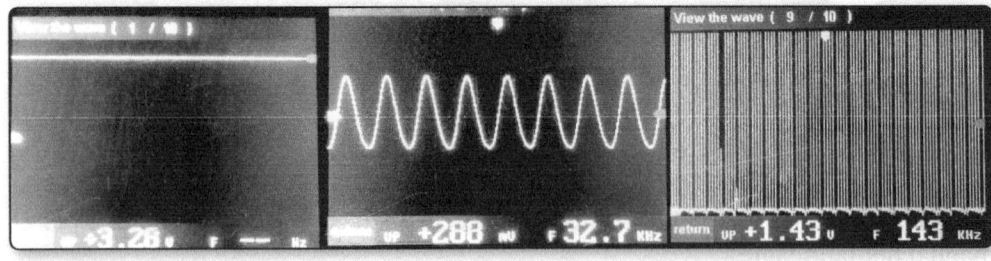

5.2 ACTIVIDADES

A continuación verás las preguntas y los ejercicios que deberías saber responder y resolver para considerar aprendido el capítulo.

5.3 TEST DE AUTOEVALUACIÓN

1. ¿Qué diferencia hay entre una lectura con un osciloscopio y una con un multímetro?

2. ¿Qué significa Vpp?

3. ¿Qué es un ciclo de onda?

4. ¿Para qué sirve el botón Trigger del osciloscopio?

5. ¿De qué sirve conocer el samplerate de un equipo?

5.4 EJERCICIOS PRÁCTICOS

1. Familiarízate con tu osciloscopio, consulta su manual para conocer sus capacidades.

2. Conecta un equipo a su fuente de poder y realiza mediciones en diferentes componentes; compáralas con las del multímetro.

6

FUENTE DE PODER

El componente en donde comienzan todos los voltajes y señales que se manejan en una computadora es la fuente de alimentación. En ella se recibe el voltaje de energía alterna suministrado por la compañía eléctrica, que puede ser de 230 o 115 voltios, dependiendo del país en el que te encuentres. En la fuente de alimentación la energía es rectificada de corriente alterna a corriente continua, que se convierte en diferentes tipos de voltajes para alimentar los diversos elementos que integran el equipo.

6.1 ETAPAS DE LA FUENTE

Las fuentes de energía de PC suelen estar divididas en dos partes: la etapa primaria o etapa de tierra caliente, y la etapa secundaria o etapa de tierra fría. La primera está conectada a la tensión recibida por la red eléctrica, mientras que la segunda es la que genera los voltajes que serán requeridos en la computadora. Una manera muy simple de distinguir una de otra es observar sus transformadores. En la parte de abajo del PCB hay una franja sin conectores que separa ambas etapas; en el medio de las dos verás uno o más transformadores.

Figura 6.1. Puedes distinguir ambas etapas en una fuente de poder guiándote por la línea de transformadores central y por una línea sin soldadura de componentes en la parte de abajo del PCB.

En la etapa de salida de la fuente de alimentación hay un conector **ATX** con una ficha alimentada por varios cables de diferente color; cada color representa un voltaje en la fuente:

- **Amarillo:** 12 V
- **Rojo:** 5 V
- **Naranja:** 3,3 V
- **Blanco:** -5 V
- **Azul:** -12 V (generalmente la lectura es de -11 V)
- **Negro:** GND
- **Violeta:** Stand by 5 V
- **Verde:** Power On 5 V

También hay conectores de alimentación para SATA, utilizados para alimentar discos duros y lectoras ópticas. Los discos mecánicos, que son los que más energía consumen, pueden presentar un consumo hasta 10 veces más alto durante el proceso de arranque. Muchos fabricantes de fuentes utilizan un sistema de arranque escalonado de unidades conocido como *staggered spinup*, que intenta evitar la sobrecarga producida por el arranque simultáneo de las unidades de disco en un sistema si existieran varias. En las fuentes de poder también encontrarás conectores **Molex** de 4 pines con los cables negros de ground en el centro y, en los costados, los de 5 y 12 V.

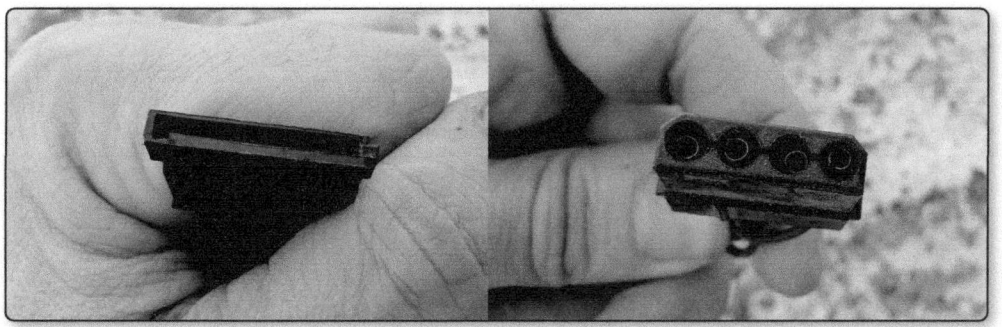

Figura 6.2. Las unidades de disco se alimentan mediante un conector SATA (izquierda),
mientras que las antiguas unidades utilizaban un conector Molex (derecha).

La alimentación del procesador la brinda un conector que inicialmente era de 4 pines y ahora, en procesadores con varios núcleos que tienen un consumo mayor, se transformó en un conector de 8 pines. Este conector suministra 12 voltios (**Figura2.3**).

La tarjeta de video se alimenta mediante un conector de 6 u 8 pines, también conocido como conector PCI-Express. Dependiendo de la tarjeta de video que tengas, en muchos modelos verás que se agrega otra ficha de 2 pines complementando a la de 6 pines.

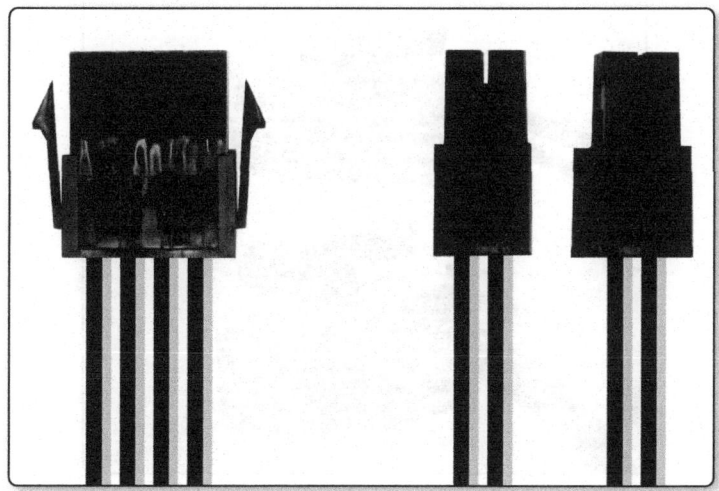

Figura 6.3. Algunas fuentes tienen un conector de 8 pines, mientras que otras utilizan dos conectores de 4 pines cada uno para alimentar el procesador, dependiendo de las características del motherboard.

Figura 6.4. Las tarjetas de video deben ser alimentadas por una línea dedicada, que permita entregar todo el consumo requerido. Algunos modelos utilizan una ficha de 6 pines, mientras que otros requieren más líneas para mantener el consumo estable.

Sabiendo qué hace cada etapa, podrás determinar, según su fallo, cuál está dañada. Al enchufar una fuente de alimentación, debe tener el voltaje de Power On y Stand By. Si no están, significa que la fuente está dañada en su etapa primaria y no se están generando esos voltajes. Por el contrario, si encuentras voltajes de Power On y Stand By pero la fuente no es capaz de hacer arrancar la computadora, entonces el fallo está en la etapa secundaria.

Figura 6.5. Al momento de trabajar con una fuente de poder, debes tener en cuenta que, aunque la desconectes de la red eléctrica, los condensadores quedan cargados. Puedes descargar ese voltaje haciendo un puente en ambas terminales con algún elemento metálico por la parte de abajo. Es vital que la zona que toques tenga aislamiento.

Cuando se produce un fallo en el cable de Power Good (cable gris en 0 voltios), la fuente arranca pero el equipo no da video. En este caso solo verás girar el fan cooler del procesador (**Figura 6.5.**).

El voltaje Power Good es, en realidad, una señal que evita que la computadora intente arrancar si los voltajes no son los correctos. Esta señal debe tener 5 V o el equipo no arrancará. Este voltaje es generado en una etapa de la fuente luego de que esta realiza un autochequeo interno y verifica que los voltajes de salida sean estables, lo cual demora entre 100 y 500 milisegundos (hasta 900 milisegundos se considera normal). Al activarse esta señal, la placa madre la recibe en el chip de temporizador del procesador, que controla la línea que reinicia el estado del procesador (esto no significa que la CPU se reinicie, sino que, al activarse los circuitos y darse la orden de reinicio a la CPU, esta comienza a trabajar arrancando la computadora). Las fuentes de alimentación de baja calidad no siempre siguen esta especificación presente en la norma ATX. En ciertos casos, la línea Power Good está puenteada a una salida estándar de 5 V, por lo que si bien la placa madre recibe este voltaje en su entrada Power Good, no significa que el voltaje haya sido chequeado, y esto podría derivar en daños a la placa madre por voltaje incorrecto o inestabilidad del equipo.

6.1.1 Electrónica de la fuente

Es común que las fuentes de alimentación utilicen en su funcionamiento un circuito integrado **TL494** o similar.

Al ingresar el voltaje de la red eléctrica a la fuente, lo primero que encontrarás será un conversor AC-DC de alta tensión, también llamado etapa de rectificación y filtrado. En esta parte del circuito se pasa de un voltaje de 220 V de corriente alterna a 325 V de corriente continua.

En la entrada, el pin correspondiente a la fase está conectado a un fusible, y el neutro, a una resistencia PTC (*Positive Temperature Coefficient*). Este tipo de resistencia varía su resistividad dependiendo de la temperatura, por lo que si la fuente drena de la red eléctrica mucha corriente, la resistencia PTC comienza a calentarse y aumenta su resistividad, lo que evita que se produzca un consumo de la red eléctrica. También es la responsable de limitar la corriente de la fuente hasta que se hayan cargado los condensadores principales.

Figura 6.6. En algunos fallos podrás identificar fácilmente los componentes dañados, ya que se chamuscan o, incluso, queman la PCB. En estos casos deberás evaluar si realmente vale la pena hacer una reparación.

Luego, la tensión de entrada pasa por un circuito de filtrado compuesto por condensadores, bobinas y resistencias, hasta el puente rectificador. También se utilizan **varistores**, encargados de proteger la fuente contra sobretensiones provenientes de la red eléctrica.

Cuando la fuente de alimentación es desconectada, se usan al menos dos resistencias para descargar los condensadores. Mientras está conectada, el voltaje de los condensadores es cercano a 325 V.

Otra parte del circuito de una fuente de poder es la fuente Stand By, que provee 5 V a baja intensidad para alimentar la lógica de control de la fuente y suministrar los 5 V Stand By (+5VSB) que recibe la placa madre. Esta etapa se alimenta de una entrada proveniente del puente rectificador, por lo que recibe en su entrada 310 V de corriente continua.

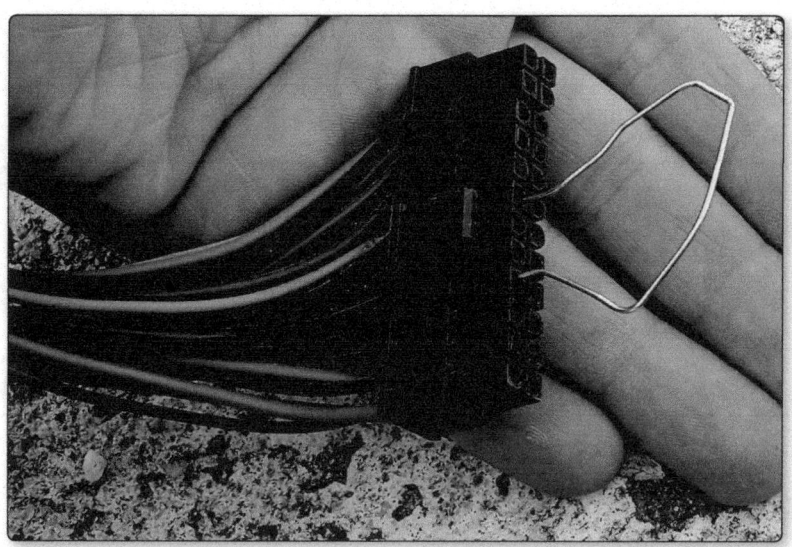

Figura 6.7. Puedes arrancar una fuente de poder sin necesidad de conectar una placa madre. Para hacerlo, solo debes puentear el cable verde del conector ATX con cualquiera de los cables negros.

Este tipo de fuente es conocida como conmutada del tipo **Buck** o conversor DC-DC, y basa su funcionamiento en un circuito oscilador. Se suele identificar con el transformador más pequeño de la fuente, y en su salida puedes encontrar un diodo rectificador y un 7805 (regulador de voltaje con apagado térmico), que estabiliza los 5 V. Se utiliza un **optoacoplador** para tomar una muestra de la tensión de salida, que luego es inyectada en el oscilador para conseguir que este responda a las variaciones de tensión y pueda estabilizarla.

Sabiendo cómo funciona una fuente de alimentación, podrás identificar en qué etapa se produce el fallo que evita que inicie.

6.1.2 Probar la fuente de alimentación

PASO 1

Conecta el cable de energía en la fuente de alimentación. Si esta tiene un botón para bloquear el paso de la corriente, presiónalo para dejarla energizada pero sin encenderla.

PASO 2

Coloca el multímetro en medición de corriente continua en 20 V máximo. Toca con la punta negra cualquier parte metálica de la fuente de alimentación o el conector de algún cable negro; recuerda que internamente todas esas piezas están interconectadas. Con la punta roja del multímetro toca el pin metálico correspondiente al cable verde. Lo normal sería obtener 5 V.

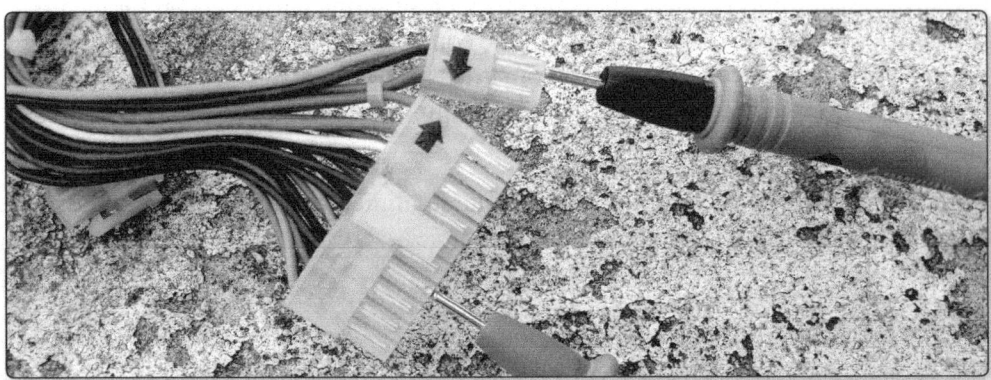

PASO 3

Con la punta negra del multímetro toca un punto de tierra de la fuente, ya sea el chasis metálico o un conector de un cable negro. Con la punta roja toca el pin metálico correspondiente al cable violeta. Lo normal sería obtener una lectura de 5 V.

PASO 4

Si no obtienes voltajes en las mediciones anteriores, entonces desenchufa la fuente de la alimentación eléctrica y procede a desarmarla. Por lo general, debes retirar cuatro tornillos que unen las dos piezas de chapa que componen el gabinete de la fuente.

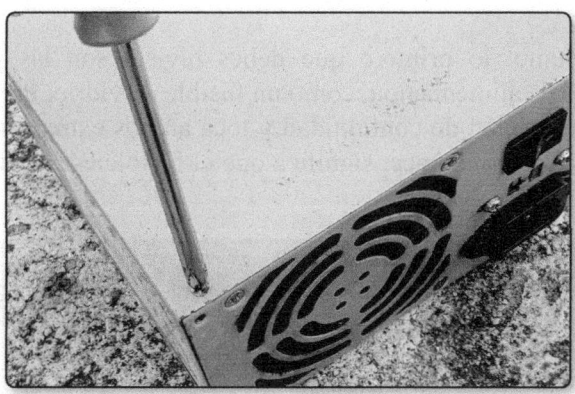

PASO 5

Luego quita los tornillos que fijan el PCB de la fuente al gabinete inferior. Ten en cuenta que si la fuente fue conectada, los condensadores aún pueden estar cargados, de modo que espera unos minutos antes de manipularla y nunca toques directamente los conectores de la parte de abajo o recibirás una descarga eléctrica; no será mortal pero sí dolorosa.

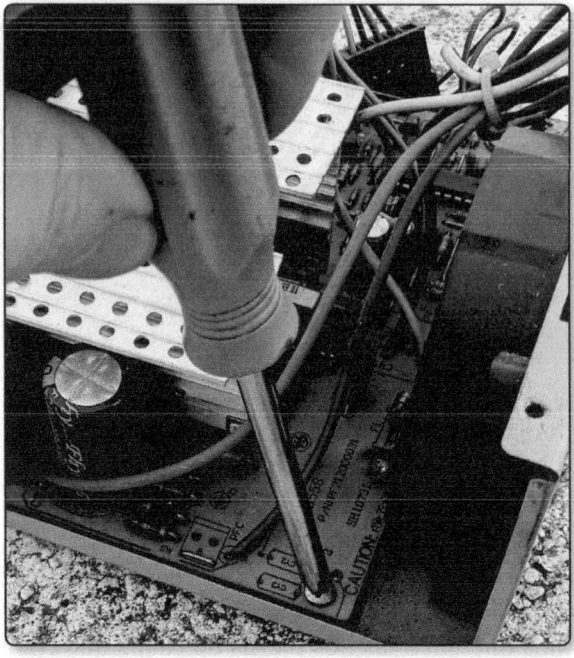

PASO 6

En este punto, lo primero que debes revisar son las protecciones que incorpora la fuente de alimentación, como un fusible de vidrio. Para medirlo, coloca el multímetro en medición de continuidad y toca ambos extremos. La lectura debe indicar continuidad; si no lo hace, significa que el fusible está cortado y no permite el paso de la corriente.

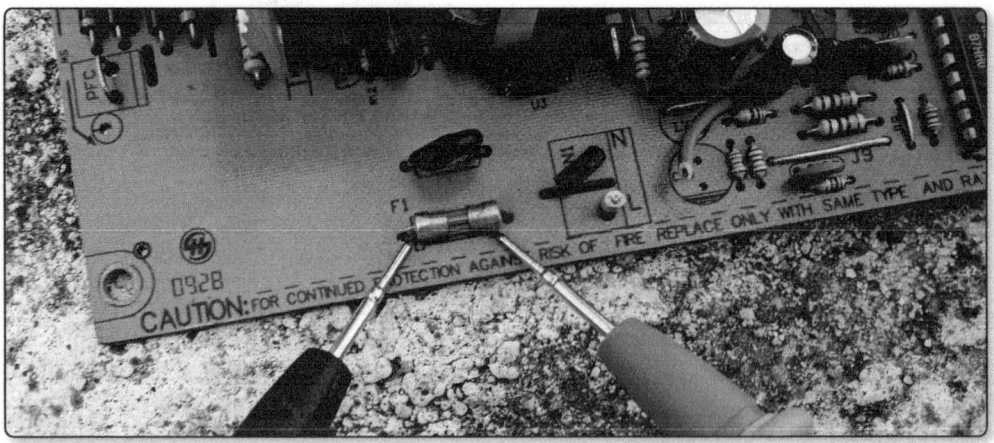

PASO 7

Si el fusible se dañó, deberás revisar los transistores que siguen en la línea de entrada, ya que es normal que se pongan en cortocircuito.

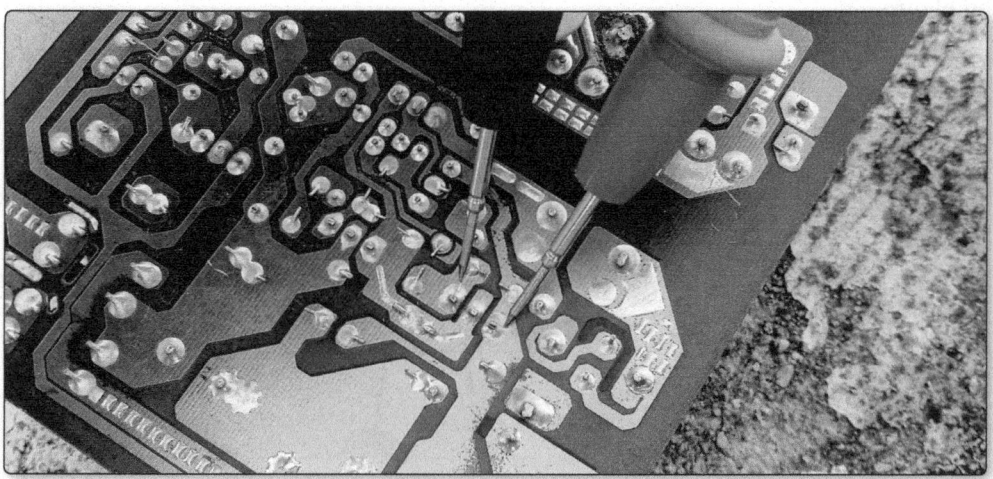

PASO 8

Otro punto para revisar son los dos condensadores electrolíticos que hay en la etapa de entrada y que, al dañarse, suelen inflarse o, incluso, estallar. Cuando estos condensadores se dañan, es posible que la fuente genere sus tensiones de trabajo pero no arranque, porque en ese momento requiere un pico de consumo que los condensadores no pueden estabilizar.

PASO 9

Otro elemento que suele dañarse en una fuente de alimentación son los diodos. Recuerda que, si están sanos, deben dar continuidad en un sentido pero no en el otro.

6.1.3 Fallos típicos

Al presionar el encendido se produce una caída a tierra del voltaje del cable verde con respecto a GND (tierra); es decir, el voltaje del cable verde es unido a tierra, y pasa de 5 V a cero. En este proceso interviene un circuito integrado con varios pines que puedes encontrar soldado al PCB.

Si en el cable verde obtienes 5 V, implica que el integrado está energizado. Si en este punto la fuente no activa al puentear el cable verde con cualquier otro negro, es que te encuentras ante un fallo de potencia: la fuente tiene el voltaje de trabajo inicial pero no puede iniciar.

El integrado de la fuente es el encargado del proceso lógico en su funcionamiento. Es un **PWM** o modulador por ancho de pulso (*Pulse Width Modulation*). Es muy usado en electrónica ya que permite controlar la cantidad de energía que se envía a una carga. Lo encontrarás, por ejemplo, en la regulación de la velocidad de giro de los ventiladores, en la regulación de la intensidad luminosa, y también en el control de fuentes conmutadas como la que usa tu computadora. Con los pulsos que genera este integrado, los transistores de potencia de la fuente realizan la amplificación de la corriente de salida de la placa. Ante un fallo donde encuentres los 5 V de Power On pero la fuente no arranque, antes de pensar en cambiar el integrado de lógica, revisa los componentes que lo rodean.

PASO 1

Ante este fallo, realiza una inspección visual en busca de componentes carbonizados o chispeados. En algunos casos, esto podría indicar dónde está el problema. También podrás encontrar pistas con daño térmico.

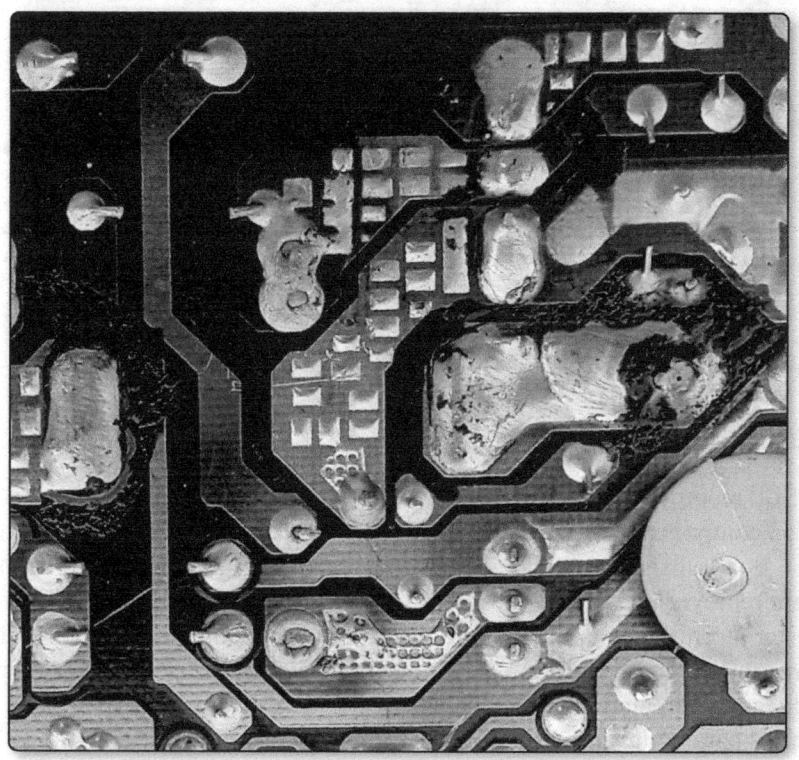

PASO 2

Como todo componente, el integrado necesita alimentación con un voltaje y una corriente específicos. Revisa los condensadores que alimentan el circuito. Por lo general, si hay varios condensadores cercanos al integrado, el de mayor tamaño se encarga de entregarle potencia. Para una medición correcta, deberás desoldar el condensador para medirlo. Al volver a conectarlo, recuerda respetar su polaridad. Si el condensador está hinchado, ya sabes que el voltaje que entrega no será el correcto.

PASO 3

Si al reemplazar el condensador la fuente sigue sin arrancar, entonces deberás revisar los componentes que están montados sobre placas disipadoras de aluminio. Estos son dos transistores iguales y un mosfet, que, al funcionar, generan mucho calor. Para removerlos, deberás desoldar las terminales de los tres componentes, que suelen estar atornillados al aluminio, y luego quitarlos con el disipador incluido. Si encuentras uno dañado, retíralo y reemplázalo. Cabe destacar que los componentes no van tocando directamente el disipador, sino que deben traer una placa aislante entre ambos para evitar que hagan contacto; no olvides volver a ponerla.

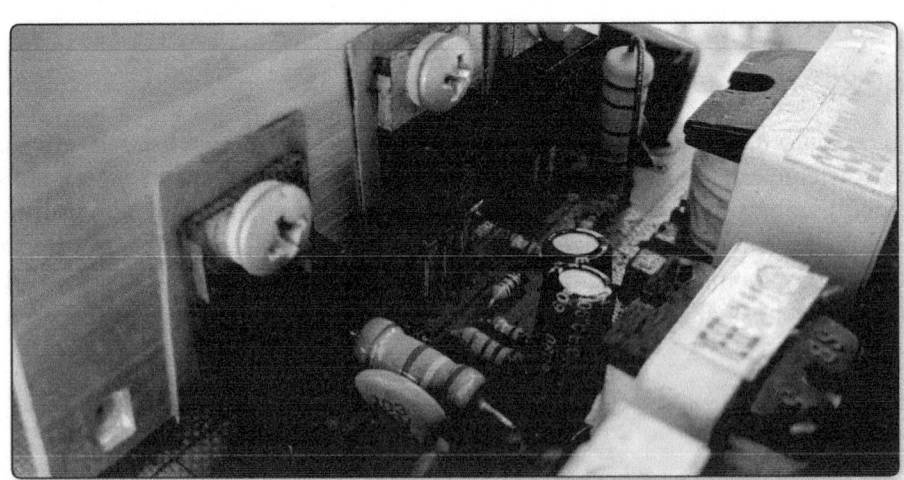

PASO 4

Otro componente que puedes revisar son las resistencias de 1 MegaOhmio, que se ubican en la compuerta del mosfet y envían energía al positivo de los condensadores grandes en la etapa primaria de la fuente. Estas resistencias suelen alcanzar cierta temperatura de trabajo y luego dañarse. Si esto ocurre, la fuente podría arrancar pero apenas tener fuerza; esto se nota en casos donde la fuente arranca y el cooler de disipación casi no tiene fuerza.

6.1.4 Al encender, el cooler apenas gira

Si al puentear la fuente de alimentación el cooler gira solo unos grados y se detiene, posiblemente el fallo esté en alguno de los tres diodos dobles que se encuentran en la salida del secundario (el transformador grande del PCB de la fuente). Estos diodos, al igual que los transistores y el mosfet, van unidos a una placa disipadora de aluminio.

Uno de los diodos dobles alimenta los 12 V, otro 5 V y otro la salida de 3,3 V. Si el diodo doble tiene una nomenclatura como 1645, 16 indica los amperes y 45 el voltaje de pico inverso.

La salida del mosfet está conectada al transformador mediano de la fuente de alimentación; de ella, a un diodo mediano (o dos pequeños) y luego pasa al cable violeta. El doble diodo se puede medir sin desoldarlo de la placa; en los extremos debe marcar continuidad porque se encuentran conectados a una bobina

PASO 1

Conecta la alimentación eléctrica a la fuente y luego revisa con el multímetro que el voltaje de Stand By esté presente poniendo la punta roja en el cable violeta (5 V aproximadamente). Si este voltaje es correcto, implicaría que toda la etapa del Stand By está trabajando correctamente. Luego revisa el voltaje de Power On en el cable verde; si también está presente, deberás realizar otras mediciones.

PASO 2

Desconecta la alimentación eléctrica. Identifica en el PCB la soldadura correspondiente a los tres terminales del doble diodo. Pon la punta negra del multímetro en el medio, y con las puntas rojas ve tocando los extremos. Deberá marcar resistencia, que tendría que ser la misma en ambos extremos. Si inviertes las puntas, también deberías obtener una resistencia igual en ambas.

PASO 3

Si pones la punta roja en un extremo y la negra en el otro, debe marcar continuidad, dado que ambas terminales van conectadas a una bobina del transformador.

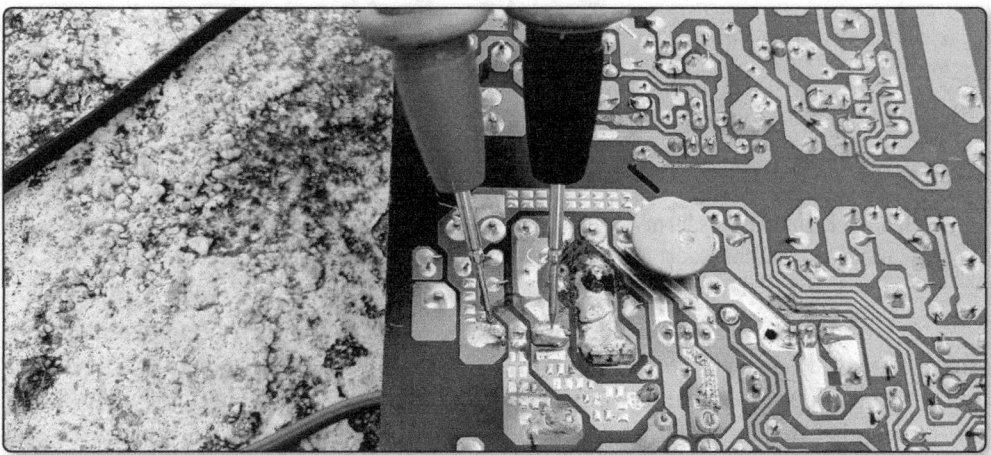

PASO 4

En caso de encontrar una lectura anómala, deberás desoldar el doble diodo para medirlo fuera del circuito. El componente lleva en la parte trasera una placa aislante, ya que de lo contrario haría cortocircuito con el aluminio del disipador. También el tornillo de sujeción lleva una arandela de goma para evitar contacto.

6.1.5 Condensadores hinchados

En la etapa secundaria de la fuente de poder encontrarás un condensador por cada voltaje de salida, es decir, uno que filtra la salida de 3,3 V, uno para 5 V y otro para 12 V. Si estás recibiendo una lectura anormal en alguna línea de voltaje, es posible que su correspondiente condensador esté dañado. Puede estar hinchado o no, pero aunque no lo esté, su valor podría haber cambiado a raíz del daño. Si ves un condensador hinchado, es una clara señal de daño, por lo que deberás reemplazarlo. Si sospechas que está defectuoso por recibir en el multímetro un valor demasiado bajo, entonces retira el condensador de esa línea y mídelo fuera de la fuente.

Figura 6.8. Los condensadores electrolíticos, cuando se dañan, pueden hincharse e incluso explotar; un condensador hinchado indica que está fallando y debe ser reemplazado.

Un punto que no debes olvidar es que los condensadores almacenan energía luego de desconectarlos de la alimentación. Por lo tanto, para evitar recibir una descarga, debes descargarlos antes de trabajar con ellos. Haz un puente entre sus terminales con la punta del cautín o destornillador; saldrá un chispazo y el condensador quedará sin carga. Los que más cuidados requieren son los que están en la etapa primaria de la fuente de alimentación, por ser los que almacenan más voltaje.

Una de los fallos que puede provocar que los condensadores se inflen es un exceso en la corriente requerida, por ejemplo, en caso de que la fuente de poder no pueda alimentar todo lo que se le ha conectado. Ante esta situación, se produce un exceso de consumo de corriente y un calentamiento mayor, que daña los capacitores.

Figura 6.9. Algunas fuentes de calidad implementan sensores de temperatura unidos a los disipadores de aluminio, con el fin de monitorizar la temperatura de trabajo.

6.1.6 Cómo saber rápidamente si una fuente de poder está en cortocircuito

PASO 1

Coloca el multímetro en medición de continuidad y pon la punta negra en cualquier cable negro, mientras con la roja vas tocando las terminales de los diferentes cables. En los negros la lectura será cero resistencia, ya que comparten la misma línea. En los otros, aunque posiblemente escuches un pitido del multímetro, verás una lectura pequeña, del orden de los 20 a 50 ohmios, eso significa que esa línea no está en cortocircuito.

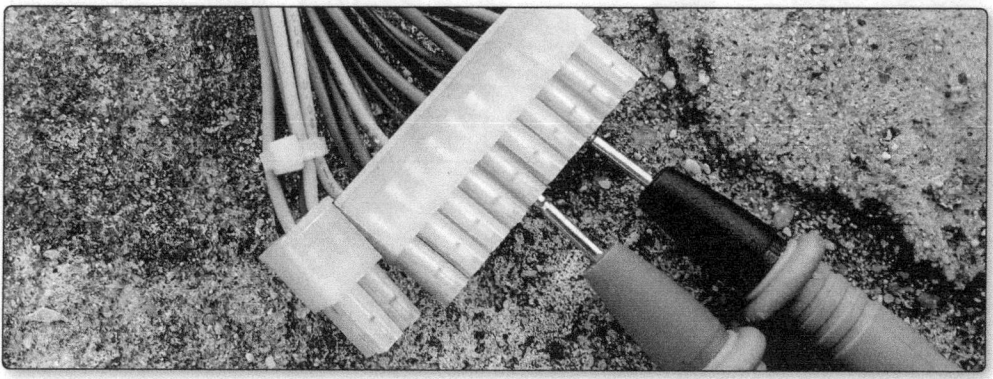

PASO 2

Pon la punta negra del multímetro en un cable negro y con la punta roja mide el cable verde y el blanco; no deben marcar ningún tipo de lectura.

PASO 3

De esta forma ya sabes que no existe un cortocircuito en las salidas de energía. Ahora debes revisar la entrada. Para hacerlo, coloca la punta negra del multímetro en cualquier parte metálica de la fuente, también llamada chasis, y con la roja toca la terminal eléctrica central que es la de tierra. La lectura correcta es continuidad (cero ohmios). A continuación toca las de los extremos; ahí no debe marcar nada, de lo contrario, te encontrarías ante un cortocircuito en la entrada de la fuente.

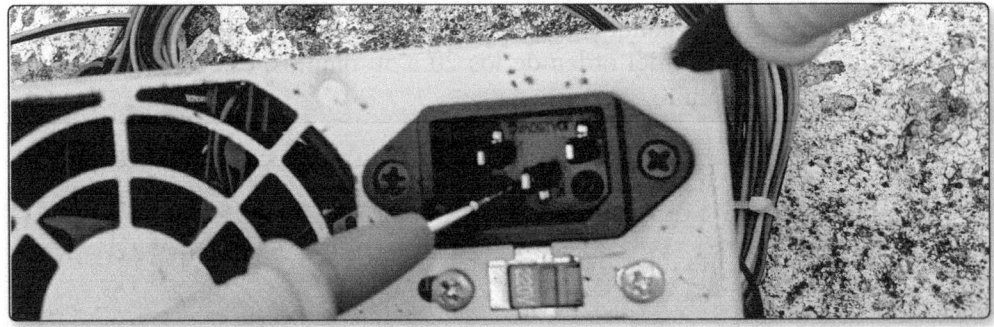

PASO 4

Con la punta negra del multímetro toca un lateral de la ficha de entrada, y con la roja, el opuesto. No deberás obtener ningún tipo de lectura; de lo contrario, estarás ante un cortocircuito.

PASO 5

Otra prueba que puedes hacer es poner la punta negra en un cable negro y con la otra punta tocar la terminal de tierra de la entrada; deberá marcar continuidad. Esto significa que el chasis de la fuente es el negativo de la baja tensión; nunca es el negativo de la alta tensión.

6.1.7 Consejos

Si bien una de los fallos más comunes son los fusibles quemados o incluso estallados, debes tener en cuenta que este problema a menudo también denota otro componente dañado, como pueden ser los transistores montados en el disipador o los diodos del puente rectificador. Si te encuentras con una fuente que tiene el fusible dañado, antes de reemplazarlo y volver a conectarla a la energía, revisa los componentes que lo rodean.

Muchos técnicos reemplazan el fusible por un trozo de cable. Bajo ningún concepto lo hagas, porque estarías reemplazando un componente de protección calculado para cortarse ante un fallo, por un conductor eléctrico que permitiría que la corriente siga fluyendo a pesar de un cortocircuito.

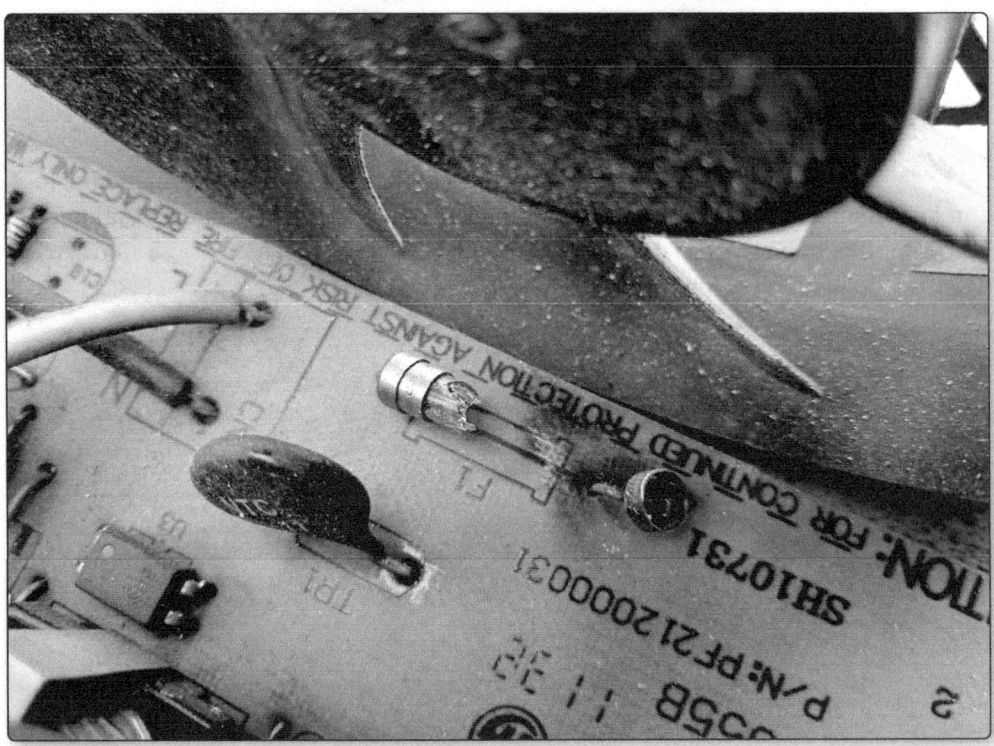

Figura 6.10. Algunos desperfectos, como un cortocircuito o un aumento de tensión en la red eléctrica, pueden hacer que el fusible se corte o incluso estalle.

Otro fallo frecuente se da en el ventilador de la fuente. Dependiendo del uso intensivo y de las condiciones ambientales, como polvo en el aire, puede dañarse y comenzar a hacer ruido o girar muy despacio. En esos casos lo ideal es reemplazarlos.

El fallo del ventilador no debe tomarse a la ligera, ya que de producirse, no podría sacar el calor de la fuente y eso provocaría daños a los transistores y a otros componentes, por lo que su vida útil se reduciría.

La diferencia electrónica entre una fuente de alimentación de potencia real y una genérica es notable. Las primeras tienen muchos más componentes y de mejor calidad, por lo que ya podrías distinguirlas por su peso. Los condensadores en la etapa de salida son más grandes, lo que ofrece un mejor filtrado de energía y mayor estabilidad. Otro elemento que también se destaca en las fuentes de poder real es la cantidad de bobinas, mayor que en las genéricas.

Una prueba que puedes hacer para conocer la diferencia a nivel de trabajo de una fuente de poder real con respecto a una genérica, es conectarla y realizar una medición de voltaje sin carga de trabajo, es decir, sin tener nada conectado. Verás, por ejemplo, que en la línea de 12 V las dos fuentes entregan un voltaje similar al deseado, pero si conectas en ambas un disco duro mecánico (consume más que los SSD) y vuelves a encender la fuente, notarás que en la genérica la línea que antes medía 12 V ahora posiblemente entregue 11,8 V, mientras que en la fuente de poder real el voltaje se mantendrá. Esta es la manera más simple de ver la diferencia en la calidad del voltaje entregado por ambas fuentes de poder.

6.2 ACTIVIDADES

A continuación verás las preguntas y los ejercicios que deberías saber responder y resolver para considerar aprendido el capítulo.

6.3 TEST DE AUTOEVALUACIÓN

1. ¿Qué función cumple el voltaje de Power Good y cuál es su valor correcto?

2. ¿Por qué es importante descargar los condensadores de la fuente y cómo debes hacerlo?

3. Si una fuente entrega en su salida de 5 V solo 3 V, ¿dónde podría encontrarse el fallo?

4. ¿Qué fallo suele presentarse cuando se dañan los diodos dobles de la etapa secundaria?

5. Si encuentras un fusible estallado, ¿qué más deberías revisar en la fuente?

6.4 EJERCICIOS PRÁCTICOS

1. Desarma una fuente de alimentación y revisa el estado de sus mosfet y transistores utilizando tu multímetro.

2. Revisa los diodos dobles de la fuente de poder.

3. Conecta con cuidado la fuente y realiza un puente para encenderla.

4. Revisa los voltajes de salida valiéndote de un multímetro.

7

TARJETA GRÁFICA

Las tarjetas gráficas son uno de los componentes que, sin lugar a dudas, han evolucionado más en el mundo informático: pasaron de ser meras tarjetas gráficas, a convertirse en poderosas unidades de cómputo, superando en muchas actividades a la mejor CPU del mercado. Junto a su capacidad ha crecido su complejidad así como los fallos que pueden tener. Al comprender cómo funciona su electrónica, podrás realizar reparaciones más avanzadas.

7.1 DIAGNOSTICAR LA TARJETA GRÁFICA

En entregas anteriores has aprendido a realizar las mediciones correspondientes en la tarjeta de video para determinar si está en cortocircuito y si es seguro o no conectarla a una computadora para su diagnóstico y reparación. Hasta ahora las lecturas las has tomado en frío, es decir, con la tarjeta de video sin energía, básicamente, validando que ningún carril de energía positivo esté haciendo cortocircuito con uno negativo. También revisaste que ciertas líneas, como la que alimenta al clock de la tarjeta, no se hayan cortado. Existen otro tipo de lecturas que deberás tomar con la tarjeta gráfica energizada, que te permitirá conocer los voltajes que se manejan así como saber hasta qué punto de la secuencia de arranque logró llegar la gráfica. Para esto deberás valerte de un riser como los utilizados para la minería de criptomonedas. Este tipo de herramienta es ideal ya que, de no tenerla, deberías conectar la placa de video a un motherboard para alimentar el PCI-Express, pero esto resultaría bastante incómodo para realizar ciertas mediciones. Conectando un riser, puedes voltear de lado la tarjeta gráfica, ya que es muy pequeño y versátil.

Los riser, también llamados tarjetas de extensión, son placas de circuito impreso donde puedes conectar la tarjeta de video para alimentarla y gestionar sus datos sin depender del conector del motherboard. Esto te permitirá entregarle voltaje como si se tratara de su funcionamiento habitual y así efectuar mediciones en caliente o con voltaje. Si bien los riser suelen utilizarse para tarjetas de video, también puedes usarlos para reparar todo componente que se conecte por un bus PCI-Express, como puede ser una tarjeta de sonido o de red.

En cuanto a qué riser debes comprar, en caso de disponer de varias opciones, lo ideal es elegir uno que tenga la mayor cantidad posible de capacitores; esto te proporcionará una energía más filtrada y hará que puedas trabajar con tarjetas de video modernas sin inconvenientes.

Figura 7.1. Los riser permiten conectar la tarjeta de video fuera del motherboard, y así utilizarla en forma vertical, fabricar rigs de minería o, en caso de una reparación, energizarla sin necesidad de la alimentación proporcionada por la placa madre.

Para utilizar el riser en el diagnóstico de una tarjeta de video, no es necesario que conectes el cable USB incluido en el kit; solo lo usarás si piensas emplear el riser para fabricar, por ejemplo, un rig de criptominería o utilizar las funciones gráficas. Tampoco usarás una pequeña ficha que se conecta al otro extremo del cable USB y que normalmente conectarías en la placa madre de la computadora.

7.1.1 Conexión del riser a la tarjeta gráfica

PASO 1

Coloca la tarjeta gráfica en el riser como si la estuvieras insertando en la placa madre. Los riser suelen tener un pequeño seguro plástico para mantenerla sujeta y evitar que se salga. Asegúrate de que la tarjeta quede firme.

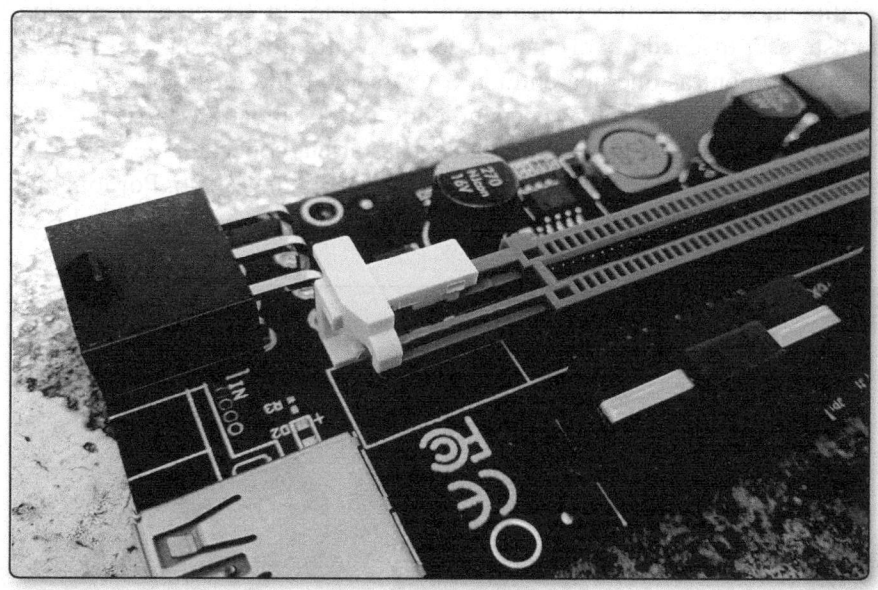

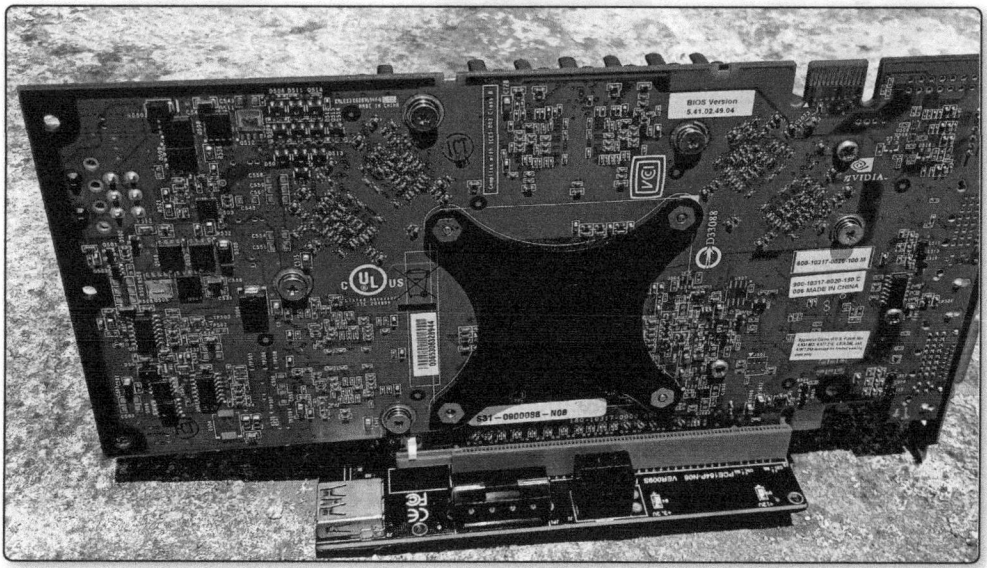

PASO 2

En el kit verás un cable que en una punta es PCI-Express y en la otra puede ser un adaptador de energía **SATA** o **Molex**; con él podrías alimentar el riser y conectar la otra punta a un cable de la fuente de poder. Algunos riser se alimentan directamente con una entrada SATA. Algo importante: en algunos riser verás que hay más de una entrada; no es necesario que lo alimentes con todas, solo por una de ellas. Lo ideal es que alimentes el riser directamente con el conector PCI-E de la fuente de poder, ya que este está diseñado para manejar los 75 Watts que consume el PCI-E en su alimentación, mientras que una entrada SATA suele poder gestionar solo 58 Watts, y una Molex, entre 60 y 150 W, dependiendo de la calidad de la fuente de poder. De todas formas, para el uso que le darás a la tarjeta conectada de esta forma, no consumirás el total que esta necesitaría en plena carga de trabajo. Por lo tanto, a los efectos de tomar mediciones, no es preocupante el consumo eléctrico de los cables.

PASO 3

En caso de que estés trabajando con una tarjeta gráfica que tenga alimentación propia, entonces conecta en ella la ficha PCI-E de la fuente y alimenta el riser con los cables Molex o SATA. El consumo total de la gráfica se repartirá en ambas entradas de poder y no sobrecargarás una única línea de la fuente.

7.1.2 Esquemáticos y secuencias de arranque

Las tarjetas de video, al igual que todo componente, no inician toda su electrónica al mismo tiempo, sino que primero se generan ciertos voltajes que, al testearse y ser validados como correctos, permiten activar otras líneas de circuitos. De esta forma se produce lo que se conoce como una secuencia de arranque, donde los circuitos se van activando por etapas. Esto te permitirá ir midiendo en busca de esos valores y así saber hasta qué punto de la secuencia de arranque ha avanzado la tarjeta. De este modo sabrás qué componentes están sanos y permitieron avanzar en el arranque, y dónde existe un fallo. Algo importante es que la secuencia de arranque varía dependiendo de la marca y del modelo; no es la misma secuencia de arranque para una NVIDIA Serie 3000 que para una serie 1000.

Para conocer la secuencia de arranque de una tarjeta gráfica deberás realizar una búsqueda por Internet por la marca y modelo, y la palabra esquemático o schematic (ofrecerá muchos más resultados en inglés). Esto te llevará a ciertas páginas web que manejan los esquemáticos de las tarjetas. Se trata de verdaderos planos acerca de cómo están elaboradas, donde podrás ver la forma en la que se compone cada circuito, y los valores de los componentes, los voltajes de referencia que deberías obtener en las lecturas si la placa funcionara correctamente, y la secuencia de arranque. Si en el esquemático bajado no aparece la secuencia de arranque, vuelve a buscar en Internet por marca y modelo e incluye la frase secuencia de arranque. Los esquemáticos están en el clásico formato PDF y también en diversos formatos conocidos como **boardview**, que no es otra cosa que un tipo de programa que se encarga de visualizar esquemáticos. Los archivos diseñados para este tipo de programas permiten, en algunos casos, hacer clic sobre un componente determinado y ver cómo interactúa con el resto y a qué líneas de tensión corresponde. Por lo tanto, disponer tanto de esquemáticos como de programas de boardview resulta indispensable. Ten en cuenta que no siempre es fácil conseguir el esquemático de una tarjeta de video, ya que los desarrolladores suelen ser bastante discretos con estos planos, que son exclusivos del soporte técnico de cada marca; los que circulan por Internet suelen ser alguna "filtración". En cuanto a los boardview, encontrarás algunos gratuitos y otros de pago; incluso, por una suscripción mensual podrás descargar permanentemente los esquemáticos de los nuevos dispositivos que salgan al mercado, por lo que si piensas dedicarte a la reparación, esta puede ser una alternativa interesante para mantenerte siempre actualizado y ahorrar tiempo de búsquedas.

7.1.3 Trabajar con esquemáticos

En varias partes de esta obra se hizo hincapié en la importancia de contar con el esquemático o boardview del dispositivo con el que trabajas, ya sea tarjeta de video, motherboard, tarjeta de sonido o todo componente electrónico que desees reparar. Los esquemáticos pueden tener extensión .pdf, que podrás leer con cualquier visor de archivos de ese tipo, como Acrobat Reader; o estar en formato de boardview, que en realidad posee varias extensiones, como: .asc, .bdv, .brd, .bv, .cad, .cst, .gr, .f2b, .fz , entre otras. Lo que tiene de interesante trabajar con boardviews frente a los PDF es que con los primeros puedes ver e interactuar con las placas de circuito impreso, sus componentes, las señales utilizadas y los puntos de prueba. Lo cierto es que puedes beneficiarte del uso de ambos: el PDF suele mostrarte una vista de cómo se interconectan esquemáticamente los componentes, mientras que el boardview muestra lo que estarías viendo en la realidad, ya que es una vista dinámica de cómo se ve el propio PCB (**Figura 7.2.**).

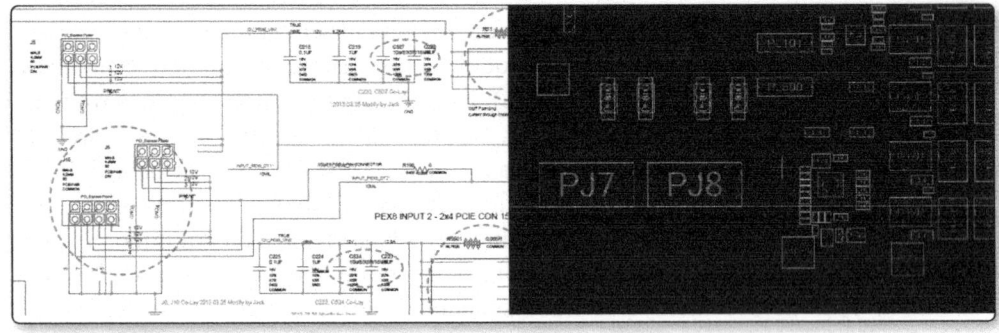

Figura 7.2. Puedes utilizar ambos tipos de esquemático: el PDF te ayudará a ver cómo se conectan los componentes, mientras que el boardview te mostrará cómo realmente se ve el PCB.

El primer paso es conseguir el programa. Hay varios en Internet, algunos de pago y otros gratuitos. Una alternativa interesante es BoardViewer, que puedes descargar gratuitamente desde su web oficial, http://boardviewer.net/. El programa no requiere instalación.

El siguiente paso es tener el archivo en cuestión del dispositivo que quieras reparar. Hay webs de afiliados de pago mensual que, automáticamente, mantienen actualizados los planos de boardview de forma que siempre encuentres lo que buscas. De no ser así, tendrás que buscar cada plano que necesites reparar. Si optas por esta alternativa gratuita y piensas dedicarte a la reparación, entonces lo ideal es que vayas descargando archivos de boardviews y los organices en carpetas para formar así una biblioteca de los más utilizados y consultarla cuando lo necesites.

7.1.4 Trabajar con BoardViewer

PASO 1

Lo primero es conseguir el programa y el archivo de boardview del dispositivo que quieres reparar. Luego, debes ir a **Archivo/Abrir** y buscar el archivo que descargaste. Verás que en la ventana principal se abre el plano del PCB con todos los componentes referenciados.

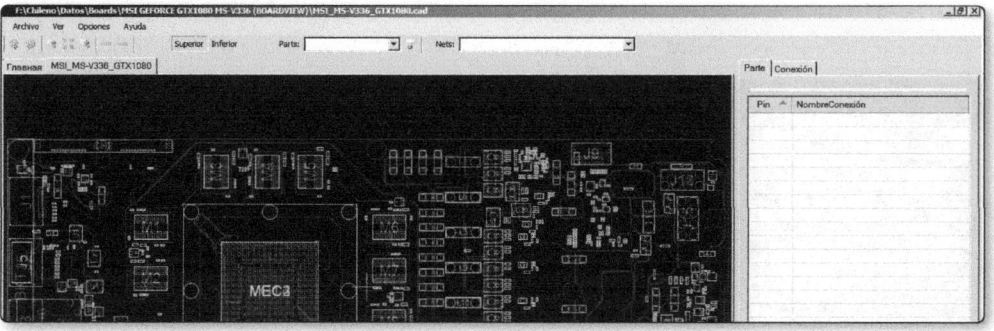

PASO 2

Con los botones **Superior** e **Inferior** podrás ver las respectivas caras del PCB con todos sus componentes.

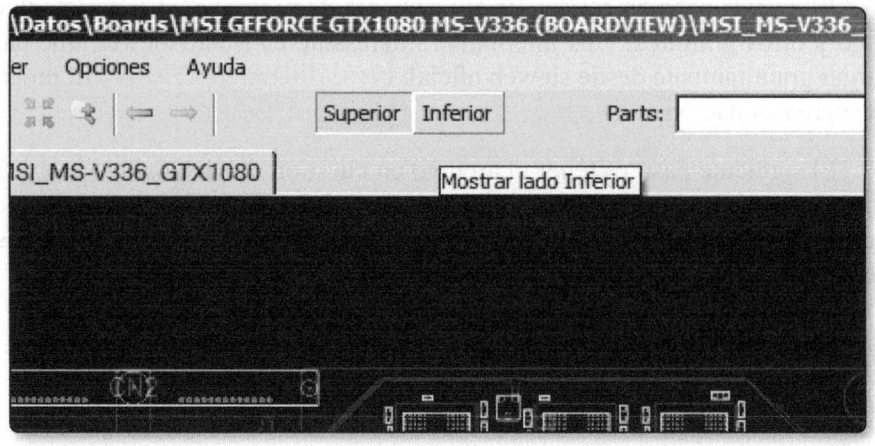

PASO 3

En la lista desplegable llamada **Parte**, verás todos los componentes serigrafiados en el PCB. Si seleccionas uno, en la ventana del plano este componente queda marcado con sus líneas en color rojo. En el ejemplo se elige el componente C13, un condensador. También puedes seleccionar un componente haciendo clic con el mouse sobre su dibujo.

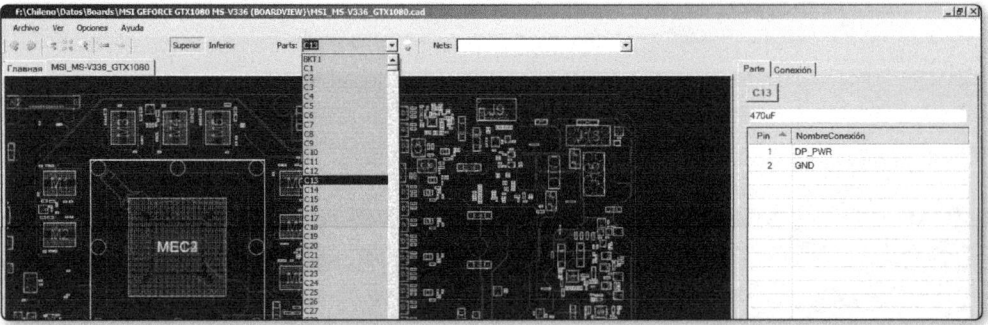

PASO 4

Con el componente marcado, en la parte derecha tendrás una ventana con dos pestañas: **Parte** muestra el número de componente en el PCB (en el ejemplo, C13), abajo su valor (470uF) y a qué línea va conectado cada uno de sus terminales. Continuando con el ejemplo, el pin 1 se conecta con DP_PWR, mientras que el pin 2 va conectado a GND o tierra.

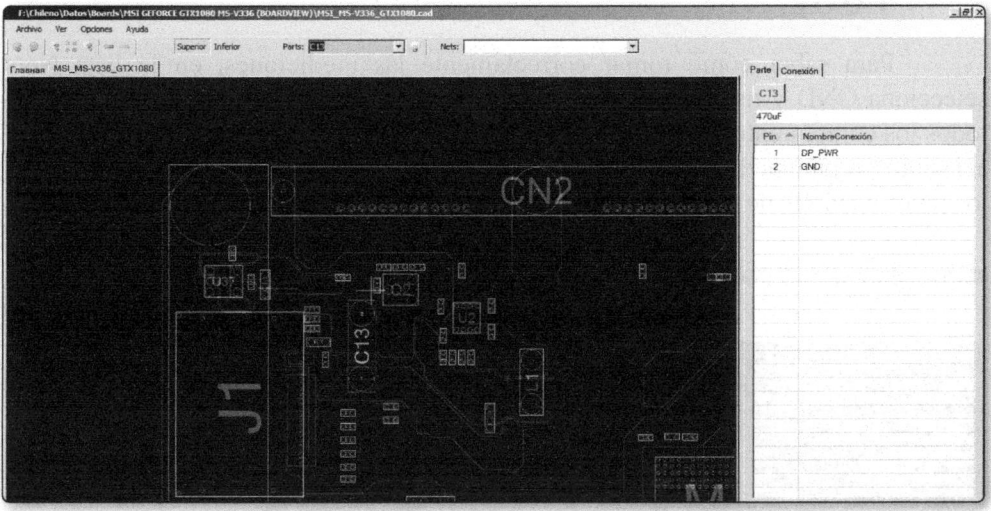

PASO 5

En la pestaña **Conexión**, al seleccionar uno de los pines del componente, verás seleccionado el componente y su valor, así como los demás elementos con los que interactúa. Estos aparecerán señalados en amarillo en la ventana principal del programa. En la lista desplegable **Nets** aparecerá el nombre de la señal a la que se conecta ese pin.

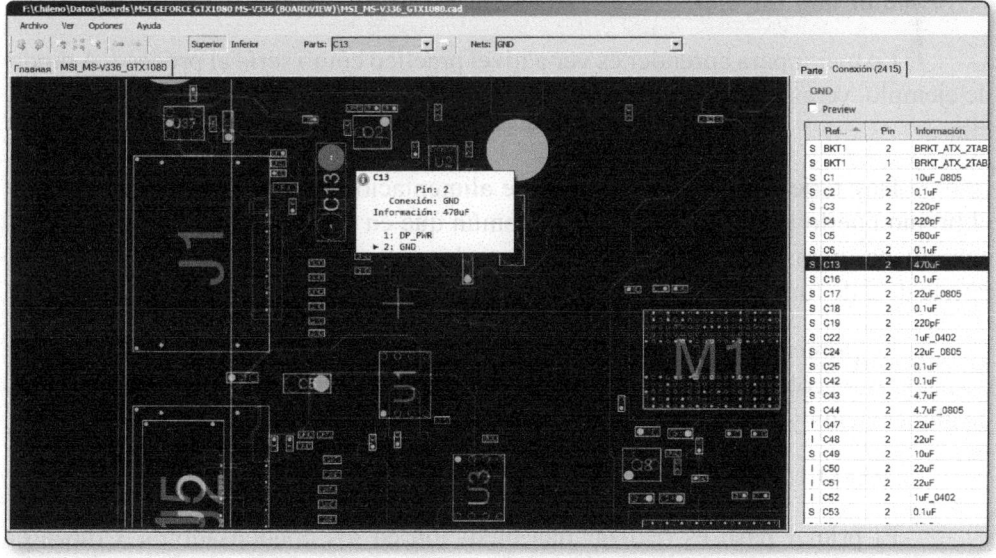

PASO 6

Para saber cómo tomar correctamente las mediciones, en la lista **Nets** selecciona GND y te mostrará resaltados en amarillo todos los puntos de tierra de todos los componentes. De esta forma, ya podrás conocer la polaridad de cada uno, así como los puntos de GND de toda la placa para hacer las mediciones. Esto incluye los pines de GND de circuitos integrados, como son los chips de memoria y GPU.

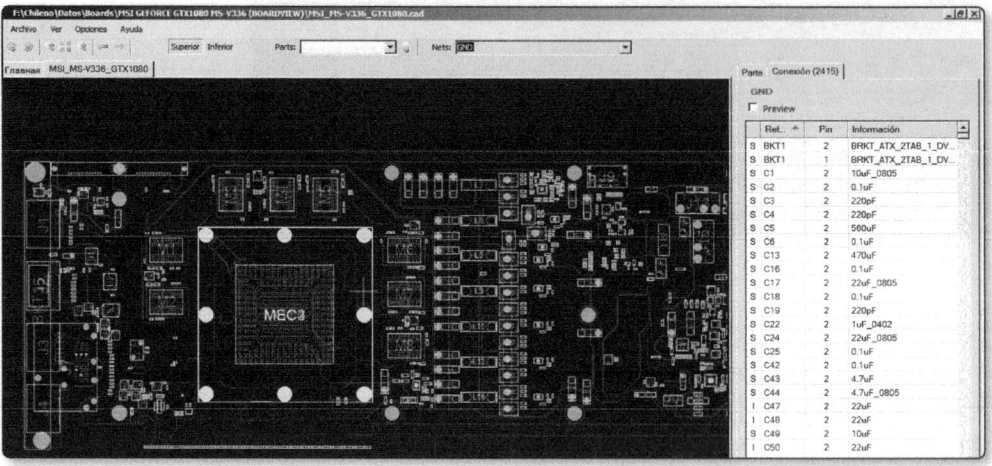

7.1.5 Medir una tarjeta

Lo mejor para aprender es ver a nivel práctico cómo sería el proceso. A modo de ejemplo, verás el diagnóstico de una tarjeta de video y cómo deberías trabajar con ella.

Hay tarjetas con solo una fase de alimentación, que se energizan mediante el propio puerto PCI-Express. Es muy común que en este tipo de tarjetas de video, con muchas horas de uso, se dañe algún condensador o algún mosfet, y entonces la tarjeta deje de funcionar.

Lo primero es realizar las pruebas convencionales vistas en obras anteriores de esta misma colección para saber si la tarjeta gráfica tiene activas las líneas básicas de alimentación y no presenta ningún cortocircuito o daño en las líneas del clock.

PASO 1

El primer paso es realizar una medición en los condensadores. Coloca el multímetro en medición de continuidad, y con las puntas toca sus terminales. Si obtienes continuidad, es que existe un corto en esa línea. Esto no indica necesariamente que el elemento dañado sea el condensador, pero sí que existe un fallo en esa línea.

PASO 2

Consigue en Internet el datasheet de los mosfets de la tarjeta para conocer cuáles son sus terminales, luego mide con el multímetro; entre source y drain debes obtener resistencia, al igual que entre Gate y Source.

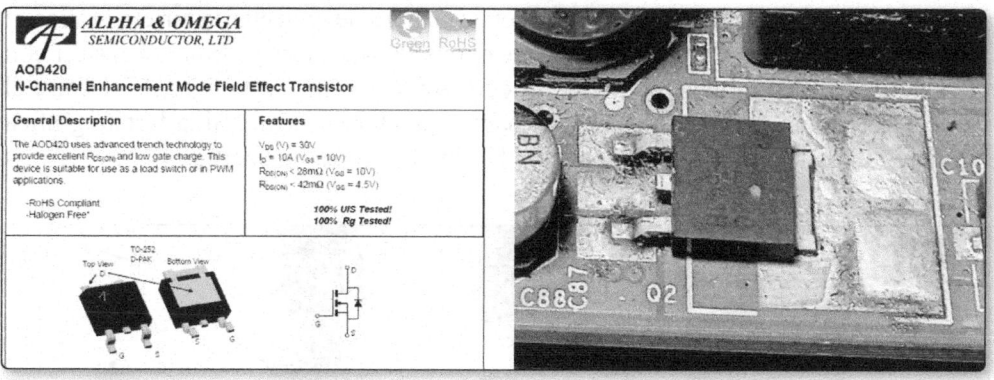

PASO 3

Si encuentras una lectura anómala, lo mejor es desoldar el mosfet del PCB. Para hacerlo, coloca un poco de flux en sus terminales y luego utiliza la pistola de aire caliente para removerlo. Repite las mediciones con el componente desoldado.

De esta forma, estás aislando partes de la placa para realizar las mediciones. Si en el caso anterior encuentras un condensador con una línea en corto, al remover el mosfet puedes volver a medir los condensadores y revisar si el corto desapareció. Si este es el caso, entonces el fallo puede encontrarse en el mosfet o en algún otro componente de esa línea, pero ya puedes reducir el área de búsqueda de un elemento en cortocircuito. Lo ideal es ayudarte con el esquemático de la tarjeta de video, búscalo en Internet.

PASO 4

Si todas las lecturas dieron correctas, es hora de conectar la tarjeta gráfica al riser para energizarla. Conéctala mediante el bus PCI-Express y alimenta el riser con el cable PCI-E de la fuente de poder. Luego haz un puente en la ficha ATX entre el cable verde y uno de los cables negros para encender la fuente. Si la tarjeta gráfica requiere alimentación adicional, conecta también su ficha de energía.

PASO 5

Busca el boardview de la tarjeta gráfica; allí podrás ver los valores que debe manejar cada componente en sus terminales. Coloca el multímetro en medición de corriente continua en 20 V y pon la punta negra en un punto de GND (puede ser el bracket metálico de la tarjeta gráfica). Con la punta roja ve tocando la salida de las bobinas de la gráfica y compara la lectura obtenida con los valores indicados en el esquemático. Si no encuentras un valor correcto, deberás recurrir a los valores de la secuencia de arranque de esa tarjeta en particular. A modo de ejemplo, en ciertas tarjetas NVIDIA lo primero que ingresa son los 12 V que entran tanto por la ficha de la gráfica como por el puerto PCI-E; luego se activan las fuentes de 3,3 V, después los 5 V y, finalmente, los 1,8 V. Llegado a este punto, si no encuentras uno de los voltajes de la secuencia de arranque, no sigas adelante, ya que no encontrarás los voltajes siguientes; simplemente enfócate en obtener el voltaje ausente.

PASO 6

Nuevamente recurre al boardview para localizar los componentes que deben energizar los terminales de la bobina. En algunos casos, puede ser un integrado que se haya dañado y no esté entregando el voltaje requerido, una resistencia abierta o un condensador en corto. Efectúa las mediciones que conecten la bobina con los voltajes correctos encontrados en la placa. Recuerda que en el esquemático tienes también los valores de referencia de todos los componentes de la placa.

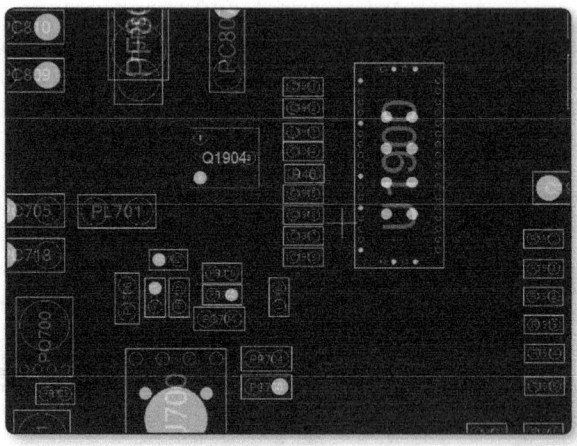

PASO 7

Si debes medir integrados con pines pequeños o incluso ocultos, puedes identificar condensadores que se conecten directamente al pin que deseas medir en el boardview, y realizar la medición en el terminal del condensador. Estos suelen ser más grandes que los pines de los integrados y son más accesibles.

Cuando hayas obtenido todos los valores correctos, vuelve a ensamblar la tarjeta y pruébala. No olvides ponerle pasta térmica nueva al disipador de la GPU.

7.1.6 Fallos de VRAM

Una parte fundamental de una tarjeta de video es la memoria VRAM, la encargada de gestionar la información que recibirá la GPU. Suele estar formada por módulos de memoria soldados alrededor del procesador gráfico. Las principales marcas de módulos VRAM son: Elpida, Micon, Samsung y Hynix. Todos los módulos de VRAM tienen el logo o nombre del fabricante y un número debajo que es su nomenclatura. Este código alfanumérico indica las especificaciones de cada módulo de memoria, y es mediante este código como podrás buscar el reemplazo en páginas como Aliexpress o similares o, en algunos países, adquirirlas en el mercado local pero sabiendo que son exactamente las que necesitas para la tarjeta que estés reparando.

En muchas ocasiones verás que tu gráfica da video y permite que el sistema operativo inicie, pero muestra líneas en la imagen conocida como basura. Esto suele deberse a dos posibles problemas: un fallo en la GPU o en los módulos de memoria VRAM. También puede ocurrir por suciedad en los pines de conexión al bus PCI-E, por lo que una buena alternativa es que los limpies frotándolos con una goma de borrar.

Figura 7.3. Muestra de basura en pantalla, generalmente debido a fallos en la VRAM o la GPU; esto también puede provocar pantallazos azules o reinicios del sistema.

Una característica de los chips de VRAM es que son del tipo dual-ported. Esto significa que pueden ser leídos y escritos al mismo tiempo, a diferencia de los de RAM convencional, que solo admiten un tipo de acceso. Esto permite que el framebuffer de la

VRAM (donde se carga cómo debe ser representado cada píxel) sea leído mostrando la imagen en el monitor, a la vez que se actualiza otro framebuffer con la información del siguiente fotograma. Si la VRAM no tuviera esa característica dual-ported, el sistema debería esperar a que se envíe cada fotograma para comenzar a generar el siguiente.

En la actualidad, las tarjetas gráficas comienzan en la gama baja, con 4 GB de VRAM, y superan los 24 GB en las gamas altas, para lo que se considera el segmento de consumo doméstico, mientras que las tarjetas de video profesionales, como la NVIDIA RTX A6000, disponen de 48 GB.

En el caso de las tarjetas de video domésticas, su labor suele ser preferentemente el consumo de videojuegos, donde la VRAM se utiliza para cargar texturas y sombreados; mientras que en el segmento profesional la VRAM suele emplearse para tareas de inteligencia artificial, donde se ejecutan operaciones de coma flotante con matrices con un conjunto de datos enorme que requieren un gran tamaño de VRAM.

Figura 7.4. Los módulos de VRAM se reconocen con facilidad ya que suelen rodear al procesador. Se encuentran en pares, y todos los chips son de la misma marca y modelo.

Los módulos de memoria VRAM más utilizados en la actualidad son del tipo GDDR (*Graphics Double Data Rate*), que presentan ciertas características respecto a las DDR utilizadas en la RAM convencional.

La generación de VRAM más utilizada fue la GDDR5 y su variante GDDR5X; estaban basados en el diseño de la memoria DDR3. La actual memoria GDDR6 aumenta su frecuencia de trabajo efectiva superando los 19 Gbps.

En cuanto a la diferencia con la memoria RAM convencional, la GDDR consigue una mayor velocidad mediante un aumento de la latencia. Esto quiere decir que el tiempo entre que se pide un dato y se empieza a transferir es mayor, pero al comenzar la transferencia, esta es mucho más rápida. Esto resulta ideal para una GPU, en la que se deben transferir enormes texturas, a diferencia de la RAM convencional, donde suele transferirse más cantidad de datos más pequeños y, entonces, un tiempo de latencia inferior es más importante.

Otro dato clave es que los chips de VRAM están diseñados para utilizarse soldados cerca de la GPU; donde la distancia que debe recorrer la información es menor que la requerida en módulos como la RAM, mientras que la GDDR tiene un consumo de energía mayor, por lo que debe enfriarse mediante thermal pads y disipadores metálicos para funcionar sin dañarse.

Otra alternativa a la memoria VRAM es la HBM, que se encuentra en la propia GPU. Para estos modelos, si detectas un daño en la memoria VRAM, deberías reemplazar todo el chip gráfico, por lo que podría no resultar tan rentable. Este tipo de memoria mejora el ancho de banda obtenido, y al encontrarse en la GPU, los tiempos de transferencia de información se reducen drásticamente. Sin embargo, el costo de producción de este tipo de memoria hizo que no sea estandarizada, ya que triplica en algunos casos el costo de GDDR, representando en algunos diseños la mayor parte del costo de la propia tarjeta de video. También se suma a esto la posibilidad de obtener un chip defectuoso por defectos del proceso de fabricación, en cuyo caso la pérdida sería total.

La memoria VRAM no trabaja exclusivamente con la tarjeta gráfica, sino que complementa el trabajo de la RAM, que envía todos los procesos vinculados con gráficos a la VRAM. Como habrás notado, la VRAM es una parte crítica de una tarjeta gráfica, por lo que diagnosticarla correctamente es crucial.

Figura 7.5. Una tarea que suele ser dañina para la VRAM es el uso en rigs de criptominería, donde se las suele overclockear para elevar la frecuencia de trabajo y superar su límite recomendado; esto reduce el tiempo de vida de los chips.

Existen varias utilidades para diagnosticar los módulos de memoria VRAM de gráficas tanto NVIDIA como AMD. Algunas funcionan directamente en Windows y otras emplean un USB de arranque de Linux con programas como Mats para diagnosticar tarjetas de video NVIDIA, o TServer para tarjetas gráficas AMD. Por lo general, este tipo de programas está en archivos con extensión .mfi o .img, similar a una imagen .ISO, la cual podrás grabar en una unidad de disco duro o pendrive y arrancar el sistema desde ahí utilizando programas como Rufus. También puedes encontrar alternativas para Windows como MemtestG80 y MemTestCL. El primer programa comprobará la VRAM de las tarjetas gráficas que utilizan la tecnología CUDA, como NVIDIA, mientras que el segundo se usa para comprobar la VRAM de gráficas de AMD. Estos programas son una adaptación del antiguo Memtest, utilizado para revisar memoria RAM, pero adaptados para las VRAM; es un programa viejo pero aún muy utilizado.

7.1.7 Revisar la VRAM con MemtestG80 o MemTestCL

PASO 1

Lo primero es obtener el programa que necesitas para tu tarjeta de video específica. Luego abre en el Explorador de archivos una ventana donde se encuentre el programa, y en la barra de direcciones escribe CMD y presiona ENTER.

PASO 2

Se abrirá una ventana de símbolo de sistema donde deberás ingresar manualmente el comando para iniciar el diagnóstico. Escribe el nombre del programa y presiona ENTER. El programa se ejecutará con las opciones por defecto, las cuales revisarán los primeros 128 MB de VRAM de la primera tarjeta gráfica y lo repetirá 50 veces. Al finalizar, mostrará un mensaje reportando si encontró o no errores.

```
        Random blocks: 0 errors (47 ms)
        Mentest86 Modulo-20: 0 errors (516 ms)
        Logic (one iteration): 0 errors (16 ms)
        Logic (4 iterations): 0 errors (15 ms)
        Logic (shared memory, one iteration): 0 errors (16 ms)
        Logic (shared-memory, 4 iterations): 0 errors (47 ms)

Test iteration 50 (GPU 0, 128 MiB): 0 errors so far
        Moving Inversions (ones and zeros): 0 errors (16 ms)
        Mentest86 Walking 8-bit: 0 errors (109 ms)
        True Walking zeros (8-bit): 0 errors (78 ms)
        True Walking ones (8-bit): 0 errors (47 ms)
        Moving Inversions (random): 0 errors (16 ms)
        Mentest86 Walking zeros (32-bit): 0 errors (234 ms)
        Mentest86 Walking ones (32-bit): 0 errors (250 ms)
        Random blocks: 0 errors (32 ms)
        Mentest86 Modulo-20: 0 errors (515 ms)
        Logic (one iteration): 0 errors (16 ms)
        Logic (4 iterations): 0 errors (15 ms)
        Logic (shared memory, one iteration): 0 errors (16 ms)
        Logic (shared-memory, 4 iterations): 0 errors (63 ms)

Final error count after 50 iterations over 128 MiB of GPU memory: 0 errors
```

7.1.8 Identificar cada módulo de VRAM

En tarjetas AMD, para identificar el orden de los módulos de memoria VRAM debes identificar primero el pin 1 de la GPU; suele tener un punto dibujado en el PCB. Luego debes comenzar por el extremo diagonal a contar en sentido antihorario, y asignarle a cada módulo una letra, A, B, C, etc. Si tienes un reporte de fallo en el módulo A de VRAM, será el primero y así sucesivamente. En las RX500, los módulos van de par en par, en cuyo caso sería A0, A1, B0, B1, etc. En gráficas NVIDIA es al revés, y poseen cuatro canales con dos módulos de memoria en cada uno de ellos, por lo que encontrarías A1 y luego A0, B1 y el siguiente es B0, etc.

Figura 7.6. Para identificar cuál es el primer chip de VRAM, debes determinar primero cuál es el pin 1 de la GPU, para lo cual tienes que encontrar dónde está la marca en la serigrafía.

El fallo de un módulo de VRAM puede hacer que la gráfica muestre líneas y caracteres en pantalla, hasta que no dé señal de video. Una vez que hayas identificado el módulo defectuoso, puedes probar haciendo la técnica de reflow en él con la pistola de aire caliente, como se explicó en la primera parte. No olvides proteger con papel aluminio los componentes que rodean al módulo de memoria dañado. Si con el reflow no se soluciona el fallo, deberás conseguir otro módulo de memoria y reemplazarlo.

7.1.9 Fallo de BIOS

Al igual que el motherboard, la tarjeta gráfica también posee uno o dos chips de BIOS. Este tiene un firmware, que es un programa que se ejecuta dentro del integrado y es responsable, entre otras cosas, del chequeo inicial al momento del arranque, para poder inicializar el dispositivo. Ya sea por una corrupción en este firmware, por fallos o, como se ha dado casos de tarjetas de video, por un firmware incorrecto (vendidas de esa forma como tarjetas más poderosas cuando, en realidad, eran modelos inferiores), en algunos casos deberás reemplazar el BIOS de una tarjeta gráfica.

Figura 7.7. Si no conseguiste el esquemático de tu tarjeta gráfica, puedes saber cuál integrado es el BIOS fotografiándolo y buscando el datasheet en Internet. Los integrados que se utilicen como BIOS aparecerán en la hoja de datos.

Para reprogramar un BIOS, deberás contar con un programador de EPROM, que se conecta mediante un cable USB a la computadora, y permite leer, borrar el chip y grabarle un nuevo firmware. Dependiendo del tipo de programador que elijas, vendrá con más o menos accesorios que te permitirán adaptar los diferentes tipos de chips a tu lector. Algunos incluyen un adaptador de 1,8 V, indispensable para leer ciertos chips. Otro accesorio interesante que te convendría tener es una pinza que te permita trabajar sobre el chip sin necesidad de desoldarlo de la tarjeta gráfica, mientras que los adaptadores convencionales requerirán que remuevas el chip y lo sueldes en una placa incluida con ese fin.

Los chips de los BIOS comienzan por las letras Pm y luego un número que empieza en 24 o 25; es justamente por este número que deberás buscar en el programa que utilizarás para grabar el BIOS. También ten en cuenta la numeración para utilizar correctamente tu grabador y no dañarlo.

Antes de manipular el BIOS de tu tarjeta gráfica, si esta se encuentra dando señal de video, lo correcto sería hacer un respaldo de su firmware actual, por si algo sale mal y debes volver a instalarlo. Para hacerlo, puedes usar GPU-Z (lo descargas gratuitamente desde su página oficial, **www.techpowerup.com/download/gpu-z**). En el capítulo siguiente de esta obra se abordará cómo reprogramar un BIOS.

PASO 1

Entra en GPU-Z; en la ventana principal, al lado de donde muestra la versión del BIOS, hay un botón. Si le das clic y seleccionas **Save to file**, podrás guardar en un archivo el actual BIOS de la tarjeta gráfica.

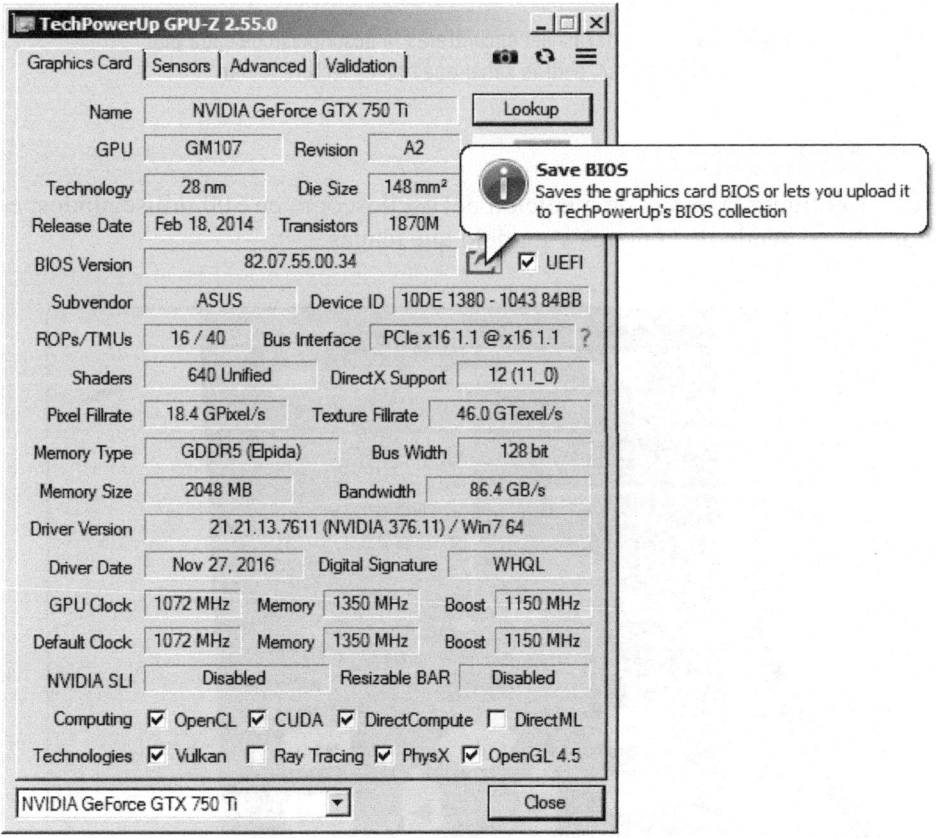

7.1.10 Cómo saber si el BIOS está funcionando

Puedes valerte de un osciloscopio para saber si el chip del BIOS está trabajando con normalidad. Para esto deberás contar con el datasheet correspondiente y, de esa forma, conocerás su pin de I/O, en el cual realizarás las mediciones.

Pin Description

CE# 1   8 V$_{DD}$
SO 2   7 HOLD#
WP# 3   6 SCK
V$_{SS}$ 4   5 SI

Top View

1192 08-soic P1.4

8-lead SOIC

Table 1: Pin Description

Symbol	Pin Name	Functions
SCK	Serial Clock	To provide the timing of the serial interface. Commands, addresses, or input data are latched on the rising edge of the clock input, while output data is shifted out on the falling edge of the clock input.
SI	Serial Data Input	To transfer commands, addresses, or data serially into the device. Inputs are latched on the rising edge of the serial clock.
SO	Serial Data Output	To transfer data serially out of the device. Data is shifted out on the falling edge of the serial clock.
CE#	Chip Enable	The device is enabled by a high to low transition on CE#. CE# must remain low for the duration of any command sequence.
WP#	Write Protect	The Write Protect (WP#) pin is used to enable/disable BPL bit in the status register.
HOLD#	Hold	To temporarily stop serial communication with SPI flash memory without resetting the device.
V$_{DD}$	Power Supply	To provide power supply (2.7-3.6V).
V$_{SS}$	Ground	

T1 7 25076

Figura 7.8. En los datasheet encontrarás la descripción de cada pin; sabiendo eso, podrás saber qué tipo de lectura tomar.

PASO 1

Configura la escala de medición del osciloscopio en 500 milisegundos; esto variará dependiendo de la marca y modelo que tengas.

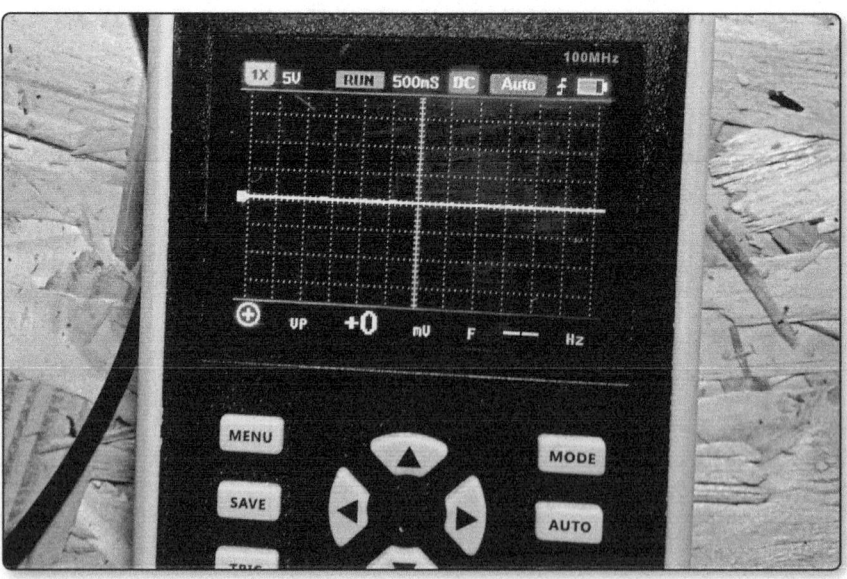

PASO 2

Conecta la tarjeta gráfica a tu riser y, si esta lo requiere, conecta también la alimentación de la ficha PCI-E.

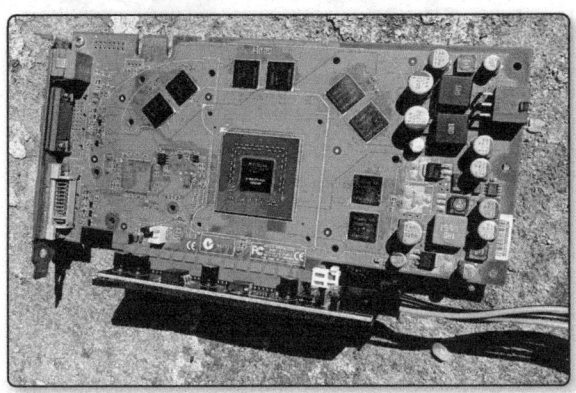

PASO 3

Conecta la parte negativa del osciloscopio al bracket de la tarjeta gráfica o a cualquier parte de GND.

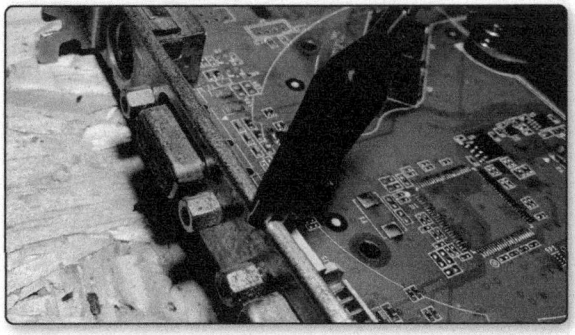

PASO 4

Con la información del datashhet, puedes realizar varias medidas. Con la punta positiva del osciloscopio toca el pin 5 del BIOS, este es el de lectura; mientras tocas, enciende la fuente de alimentación haciendo un puente entre el cable verde y uno de los cables negros. En el osciloscopio verás una lectura de un voltaje y un pico de cero voltios, lo que te está indicando que la lectura se realizó, luego de eso volverá el voltaje. Si no obtienes lectura, podría significar que alguno de los componentes que interactúa con el BIOS no funciona correctamente; revísalos en busca de fallos.

PASO 5

Conociendo la disposición de los pines, otra lectura que puedes hacer es poner la punta positiva del osciloscopio en la que ingresa voltaje de trabajo al BIOS; en este caso, es el pin 8, marcado como VDD. La lectura correcta sería un voltaje de entre 2,7 y 3,6 V. Si no está en ese rango, el BIOS no podrá funcionar y deberás buscar el fallo en la alimentación.

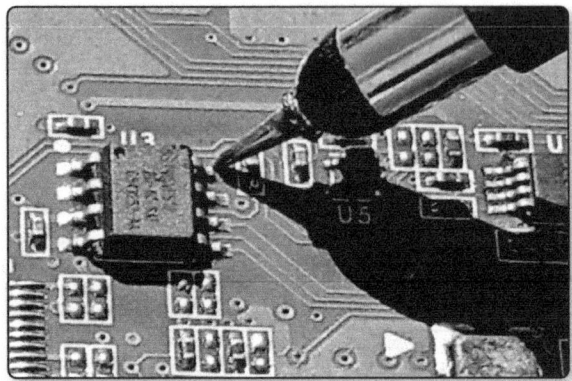

7.1.11 Finalizar la reparación

Una vez que hayas obtenido imagen en la tarjeta de video que reparaste, aún debes realizar varias pruebas para asegurarte de que no existen más fallos y que puedes exigirle lo que puede ofrecerte. Ten en cuenta que muchos fallos pueden presentarse en momentos en que la tarjeta intenta realizar tareas específicas y se cuelga al no poder finalizarlas.

PASO 1

Instala un disco con sistema operativo Windows 10 o Windows 11; este automáticamente debería reconocer la tarjeta e instalar los drivers correspondientes. Si esto funciona correctamente, ya sabrás que la tarjeta se está reportando de manera adecuada al sistema operativo y que este sabe cómo manejarla. Para corroborarlo, ve al Administrador de dispositivos oprimiendo la combinación de teclas WINDOWS + R y escribe devmgmt.msc; luego presiona ENTER y en la ventana que aparece busca la tarjeta de video; debería reportarse su modelo.

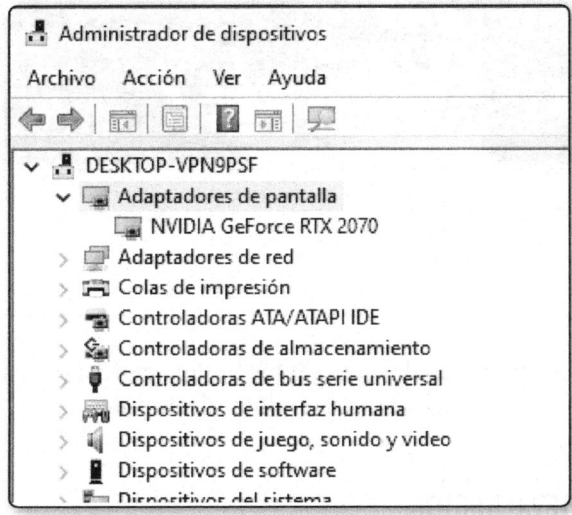

PASO 2

Utiliza un programa de diagnóstico como GPU-z, en el que aparecen todos los datos referentes a tu tarjeta de video; si alguno no aparece o lo hace en forma incorrecta, esto no implica que la tarjeta no pueda utilizarse, pero sí podría indicar que fallará al intentar, por ejemplo, jugar un videojuego donde los recursos de la tarjeta gráfica son exprimidos al máximo. Puedes buscar en Internet por la marca y modelo de tu gráfica para conocer los valores del fabricante y así contrastarlos por los reportados por GPU-z.

El paso final es realizar una prueba de bechmark para evaluar el rendimiento de la tarjeta de video en cuanto a capacidades gráficas. Para esto, puedes valerte de un programa como Heaven, que se descarga gratuitamente de su web oficial, *https://benchmark.unigine.com/heaven*, y realiza un renderizado de un paisaje para ver el desempeño de la gráfica.

7.2 ACTIVIDADES

A continuación verás las preguntas y los ejercicios que deberías saber responder y resolver para considerar aprendido el capítulo.

7.3 TEST DE AUTOEVALUACIÓN

1. Diagnosticando una tarjeta gráfica de gama baja con un riser con dos entradas de energía PCI-W, ¿cuántas de esas salidas es correcto que utilices para alimentar la tarjeta?

2. ¿En qué favorece que un dispositivo tenga más condensadores en su diseño?

3. ¿Qué es y para qué sirve conocer la secuencia de arranque de un dispositivo electrónico?

4. Si necesitas conocer información acerca de un mosfet y su función en una tarjeta de video, ¿cómo la buscarías en un boardview?

5. ¿Qué significa el término "basura en pantalla", y qué suele estar implicado en ello?

7.4 EJERCICIOS PRÁCTICOS

1. Descarga el programa BoardViewer y busca en Internet el esquemático de la marca y modelo de tu tarjeta gráfica. Familiarízate con los componentes y su interacción.

2. Instala una tarjeta de video en un riser y, valiéndote de un osciloscopio, encuentra el pin del BIOS encargado de hacer la comunicación; detecta su señal al momento del arranque.

3. Si estás utilizando el multímetro en medición de continuidad y los condensadores de la tarjeta de video indican continuidad, ¿significa que el condensador está dañado?

8

PLACA MADRE

La placa madre o motherboard es una de las piezas más importantes en el ecosistema de una computadora. Se ocupa de interconectar el procesador y la memoria RAM con los diferentes dispositivos que integran el equipo, así como de recibir la energía aportada por la fuente de alimentación y gestionar la carga para los diferentes elementos. Su complejidad y la calidad de sus componentes ha aumentado con el correr del tiempo.

8.1 REPARACIONES AVANZADAS

Cuando conectas la ficha de alimentación ATX, antes de presionar el botón de Power ya deberías encontrar voltaje en algunos de sus pines, aquellos que alimentan etapas de la placa madre: los de **P_ON** y **5V_SB** (Power On y 5 V Stand By, respectivamente).

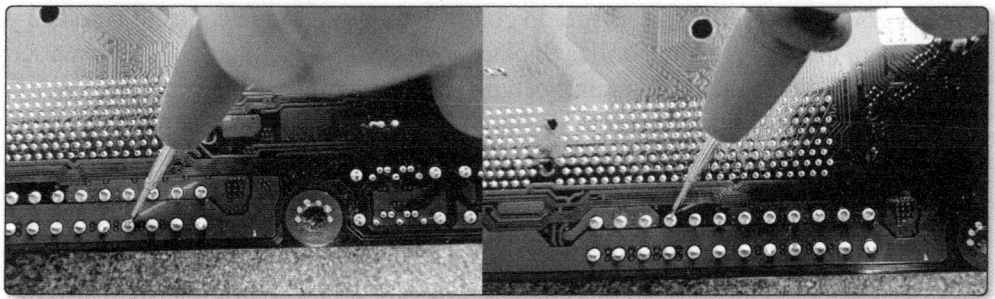

Figura 8.1. Puedes medir los voltajes siempre presentes en la placa madre por la parte de abajo, luego de enfuchar el conector ATX pero sin encender la fuente de poder.

Estos voltajes deben estar siempre presentes al momento de conectar la fuente de poder. Si mides las bobinas, no encontrarás voltaje, pero en una de ellas posiblemente detectes 1.8 V, que alimenta secciones como el BIOS. Puedes hallar este voltaje en su integrado midiendo en el pin número 8 con la punta roja del multímetro y la negra en cualquier punto de tierra de la placa madre (**Figura 8.2.**).

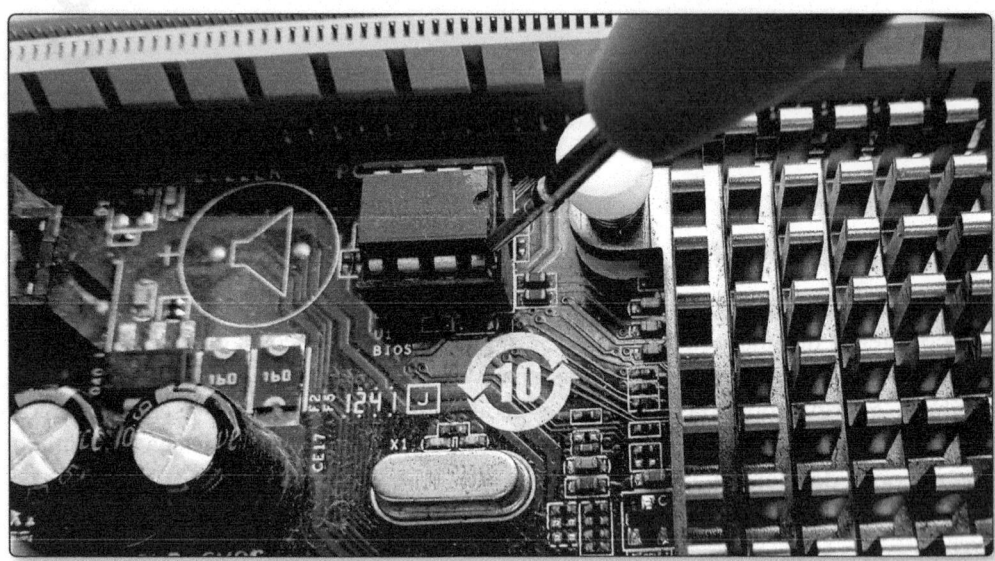

Figura 8.2. Es posible medir el pin de alimentación del chip del BIOS; si tienes duda de cuál es, busca el datasheet correspondiente en Internet.

En algunas placas madre también podrías detectar 1 V alimentando un pin del chipset. Para obtener los 3 V utilizados por el mother se utiliza un regulador lineal que se alimenta de la entrada de 5 V y entrega la señal que podrás ver referenciada en los esquemáticos como VOUT, que es de 3 V Stand By. Esta se usa para alimentar diversas zonas, entre ellas, un integrado conocido como EC, que controla entradas y salidas. Para identificar el que utiliza tu placa madre, deberás obtener el esquemático que corresponde y, luego, el datasheet del componente para saber qué función cumple cada terminal del chip. Por ejemplo, PSOUT, que dependiendo del tipo de placa madre deberá ir conectado al chipset o CPU (suele ser el pin 60 en algunos modelos de EC); la señal PSIN (*Power Switch IN*), que se conecta directamente al botón de encendido (al oprimirlo, el voltaje baja a tierra, es decir, pasa a cero), suele ser el pin 61; el pin 63, que suele ir directamente a la fuente ATX: cuando su voltaje baja, enciende la fuente (en el caso del motherboard, un transistor que suele estar al lado del conector ATX hace lo mismo que harías tú al puentear el cable verde con uno de los negros); el pin 64 suele ser el de la señal SLP3 al chipset; y el pin 101, RSMRST (**ResumeReset**), va al chipset o CPU.

De los dos pines donde se conecta el botón de power que va en el panel frontal, uno tiene 3,3 V y el otro es un pin que va a tierra. Cuando pulsas el botón, estás cerrando el circuito y haciendo que ese voltaje baje a cero; esto es leído por un pin de un chip controlador y tomado como la señal para arrancar el equipo.

El conector de 12 V adicional es exclusivamente para alimentar los mosfets que funcionan como fuentes para entregar un voltio o un poco más al procesador. Hay placas con más líneas de alimentación que otras. Estas líneas o pistas por donde circula el voltaje se llaman fases; cuantas más fases de alimentación tenga una placa madre, más estable debería ser el voltaje que entrega al procesador, por lo que se considera que es un diseño de mejor calidad. Una forma rápida de reconocer dónde está la fuente es buscando las bobinas, componentes de forma cuadrada; se ubican rodeando el procesador y los bancos de memoria RAM.

8.1.1 Fases de energía

Lo que usualmente conoces como fases de energía son los VRM (*Voltage Regulator Module*, módulos reguladores de voltaje). Son circuitos electrónicos encargados de regular y disminuir una tensión recibida. Por ejemplo, en toda computadora están los voltajes de entrada de 12 V, 5 V y 3.3 V, que son pasados por los VRM para obtener los voltajes de trabajo, como 0.8, 1, 1.2 y 1.8 V.

Figura 8.3. Puedes reconocer a simple vista una fase de alimentación por la característica forma cuadrada de las bobinas. Por cada bobina hay una fase. En la imagen de la derecha, la representación en un boardview de una bobina y sus mosfets.

Las fuentes de alimentación están compuestas por dos mosfets (mosfet de alta y mosfet de baja), que actúan como dos interruptores; una bobina o choke; un diodo y un condensador. Todo esto es comandado por un circuito integrado que cumple la función de controlador. Cuando se cierra uno de los interruptores, se obtiene una alimentación que carga la bobina; esta actúa como inductor, generando una carga magnética. Al abrir otra vez ese interruptor, la carga en la bobina comienza a caer, pero el circuito, al final de esta, es alimentado por la carga del inductor y el condensador. El diodo evita que la corriente regrese por el circuito. En un procesador actual, la corriente de trabajo podría ser de 1.2 V; cuando se alcanza ese valor a la salida del inductor, el circuito corta su carga, por lo que ese voltaje empieza a caer y es estabilizado por el condensador. En ese momento se repite la apertura del circuito y se vuelve a energizar momentáneamente al inductor. De esta forma, con un voltaje estable a la salida, el ciclo se repite permanentemente mediante una técnica conocida como PWM (*Pulse Width Modulation*, modulación de ancho de pulso), lo que mantiene el voltaje de operación en el valor promedio deseado. Si el circuito recibe 12 V para ofrecer una salida de 1.2 V, el ciclo de trabajo debe ser del 10 %. Esto lo controla el PWM haciendo el cierre y la apertura de los mosfets utilizados para abrir y cerrar ambos interruptores implicados en cada fase (**Figura 8.4.**).

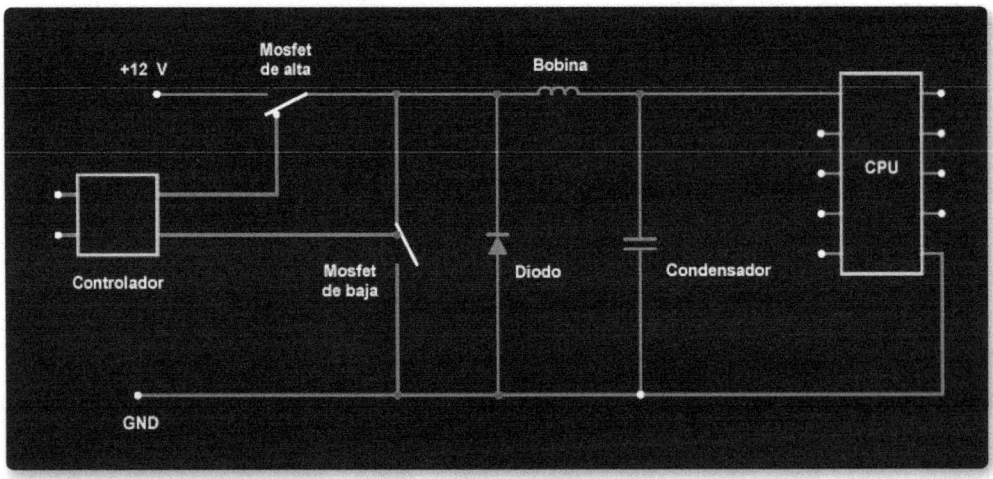

Figura 8.4. Esquema de una fase de alimentación. El mosfet de alta es switcheado por el controlador para enviar pulsos de 12 V. Para evitar que se dañe por un pulso de retorno, se agrega el mosfet de baja que, además, aprovecha parte de la energía no usada del circuito. Cuando un mosfet se abre, el otro se cierra y viceversa. El diodo permite que la energía siga de regreso hacia el inductor, que, junto al condensador, estabiliza la señal lo más posible (para este ejemplo, los mosfets se dibujaron como interruptores).

Para obtener una energía más estable, es común juntar varias fases casi en paralelo. En este proceso, cuando una fase comienza a cerrarse, la otra comienza a abrirse para complementar la salida de la energía. Si la vieras en un osciloscopio, será lo más similar posible a una línea recta, lo que hace que la CPU o GPU que se alimenta reciba una energía más estable. También verás circuitos que utilizan fases en paralelo, abriendo y cerrando sus mosfets al mismo tiempo para entregar, en este caso, un amperaje más elevado, como el que se usa en componentes de alto consumo. De este modo también se logra que esa fase doble funcione a una temperatura menor. Esto se conoce como una fase duplicada o una fase virtual.

El voltaje de trabajo de una CPU o GPU rara vez es constante, porque dependiendo de las diversas cargas de trabajo, requerirá más o menos energía. Por lo tanto, el VRM debe compensar esto permanentemente, para lo cual utiliza un controlador PWM que genera un bucle de retroalimentación en la fase.

En muchos casos, no podrás identificar el mosfet propiamente dicho en la placa, ya que en su lugar se utiliza un integrado que contiene el mosfet de alta, el mosfet de baja y el controlador, todo en un mismo encapsulado.

Es normal que en una placa madre haya varios controladores PWM, como el uP9511, capaz de controlar un máximo de 8 fases. Al sumar más controladores, es posible agregar más fases o poner algunas de ellas a trabajar en paralelo (**Figura 8.5.**).

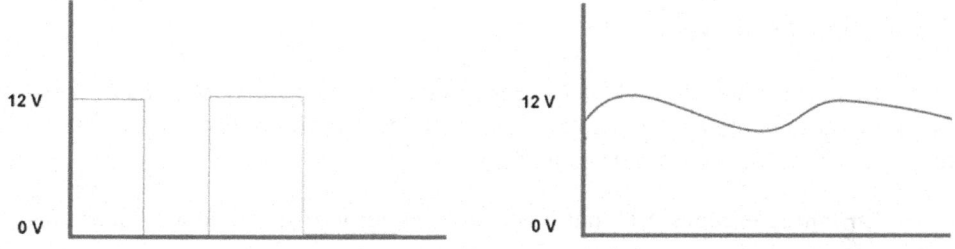

Figura 8.5. (1) El mosfet entrega pulsos a la fuente; al abrirse, pasa el voltaje, y al cerrarse, el voltaje baja a cero, formando ondas cuadradas. (2) La bobina, al energizarse, transforma esas ondas en picos; junto con la carga que entregará el condensador (se carga rápido y se descarga más lentamente), dará una señal bastante estable pero no completamente pura, que suele servir para alimentar muchos tipos de circuitos.

En la reparación de motherboards, es importante saber que existen fases que se manejan en paralelo. Por ejemplo, si recibes una placa madre en la que se dañó un mosfet y está generando un fallo, y lo remueves, es posible que el equipo vuelva a funcionar sin siquiera reemplazarlo. Pero ten en cuenta que ante una exigencia, por ejemplo, ejecutando un videojuego o un render, es posible que el equipo colapse. Para saber si se trata o no de una fase duplicada, deberás conseguir el boardview de la placa. Si ves que más de un mosfet están conectados a la misma terminal de un controlador PWM, entonces se trata de una fase duplicada; por el contrario, si cada fase está vinculada a una única terminal del controlador, se trata de fases independientes. Las fases de alimentación se utilizan para alimentar al procesador y, también, a la memoria RAM y a la GPU. Por eso, en las tarjetas de video dedicadas también las encontrarás cumpliendo la misma función que en la placa madre, y la forma de medición y diagnóstico es la misma.

Figura 8.6. En circuitos que necesitan un filtrado más eficiente de la energía suelen utilizarse varias fases de energía pero con sus señales desfasadas en el tiempo, de modo que cuando el pico de una comienza a decaer, el de la otra empieza a ascender. En la imagen de la derecha puedes ver cómo interpretaría un circuito la suma de todas las fases de voltaje. Sigue sin ser una línea recta de voltaje estable, pero se encuentra dentro de los parámetros de funcionamiento.

8.1.2 Mediciones de voltaje

Lo primero que debes hacer siempre en una revisión es buscar pistas cortadas y componentes chamuscados o zonas pasadas de temperatura. Esto, a primera vista, puede darte un indicio de dónde está el fallo.

En entregas anteriores has visto las mediciones que puedes hacer en una placa madre para asegurarte de que no sufre un cortocircuito grave que provocaría daños al conectarla. También aprendiste a medir el voltaje del botón de power para determinar que está presente en la placa madre, así como a revisar las bobinas y los condensadores que componen una fase de energía. Pero también hay otras mediciones que debes realizar en un motherboard que no enciende o que no entrega señal de video.

PASO 1

Conecta la ficha de alimentación ATX y, sin encender la placa madre, revisa el voltaje del pin de 5 V Stand By. Para hacerlo, coloca la punta negra del multímetro en una parte metálica (recuerda que todas van unidas a Ground o tierra) y con la punta roja toca por la parte de abajo el saliente del pin correspondiente al voltaje Stand By (cuarto pin interno). Sería correcto obtener una lectura de entre 5 y 5.15 V.

PASO 2

A continuación, con la punta roja toca la bobina de 1.8 V de Stand By; para identificarla, lo ideal es tener el esquemático de la placa madre. Para facilitarte la lectura, puedes medirla por la parte de abajo.

PASO 3

Con la punta roja del multímetro toca el pin correspondiente al botón de power; el voltaje con respecto a tierra debería ser de 3.3 V.

PASO 4

Para asegurarte de que tu equipo tenga los voltajes de trabajo para el arranque, deberías medir el botón de power. El esquemático o el boardview de la placa te dirá qué pin del **chip súper I/O** es el que controla el voltaje de dicho botón; debe estar en 3.3 V, pero al apretar el botón, bajar a cero, porque de lo contrario la placa no arrancará. Para realizar esta medición, coloca la punta negra del multímetro en una parte metálica o de tierra de la placa madre, y con la punta roja toca alguna resistencia o condensador que se encuentre en la línea del pin que maneja la señal del botón de power. Los pines de los chips son muy pequeños para apoyar cómodamente la sonda del multímetro, pero puedes hacer la medición en otro componente que siga esa línea; estando así, oprime el botón de power si está conectado a la placa o, en su defecto, realiza un puente con algo metálico entre sus dos terminales. En una placa sana, el voltaje recibido en el multímetro debería bajar a cero y, luego, volver a subir cuando sueltes el botón. En placas diseñadas para procesadores Intel, el botón de power va al PCH, mientras que en placas para AMD, va al procesador.

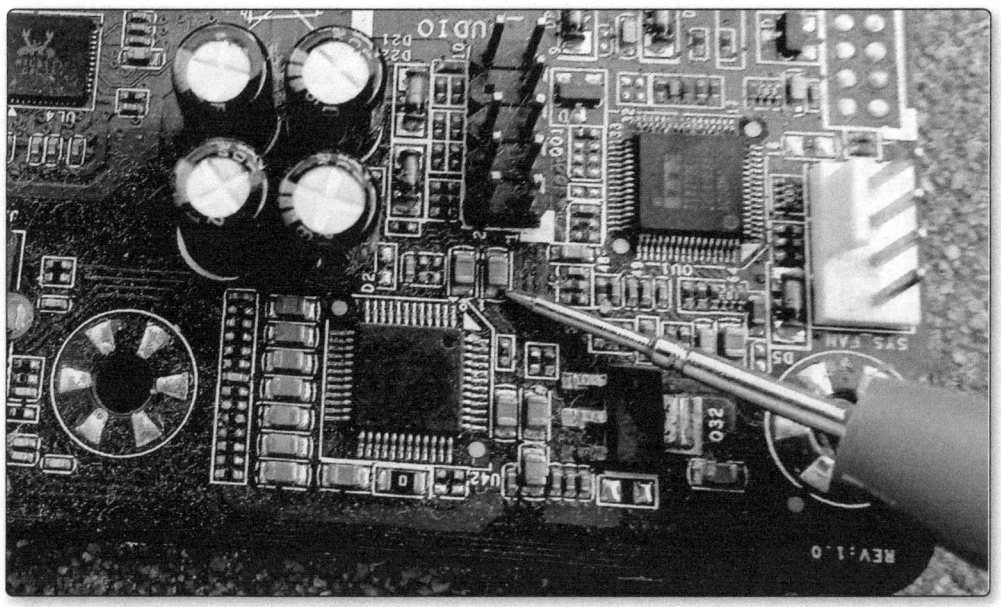

PASO 5

Si en este punto tienes voltaje, pero al realizar el puente entre los pines del botón de power el voltaje no baja a cero, significa que en algún punto tienes una soldadura dañada y el pin de tierra no está conectado a ella.

Para determinar cuál es el pin de tierra del botón de power y determinar si realmente está conectado a tierra, con la placa apagada coloca el multímetro en medición de continuidad. Toca un punto de ground de la placa madre con una de las puntas de medición, y con la otra toca primero uno y luego otro de los pines del botón de encendido. Uno de ellos debería marcar continuidad; si no lo hace, significa que la pista que une el pin con la tierra general de la placa está dañada o la soldadura de ese pin se rompió. En ese caso, puedes optar por reparar la pista o, simplemente, usar un trozo de cable para unir la soldadura de ese pin con cualquier punto de tierra, dado que la única función de ese pin es hacer pasar a tierra el voltaje existente en el botón de encendido.

Figura 8.7. En equipos antiguos, los condensadores de las fases de alimentación eran del tipo electrolítico, y en algunos casos, al dañarse se hinchaban o, incluso, explotaban. Si ves condensadores en este estado, deberás reemplazarlos por otros del mismo tipo y valor, desoldándolos.

8.1.3 Trabajar con el BIOS

El BIOS (*Basic Input Output System*, sistema básico de entradas y salidas) es un programa que encontrarás en todo dispositivo corriendo desde un chip; se lo conoce también como firmware. Es, en realidad, el primero que se ejecuta en el equipo al momento del arranque, y lo mismo ocurre a nivel de dispositivos. Cada dispositivo electrónico, como tarjetas de video, discos duros y demás componentes, tienen su propio BIOS que controla su funcionamiento y permite que funcionen en coordinación con el resto de los elementos que integran la computadora. En las placas madre modernas se lo conoce como UEFI y trabaja a 64 bits, lo cual, entre otras ventajas, permite correr software sin siquiera utilizar un disco duro, conectarse a Internet y ejecutar software de actualización en forma autónoma.

El primer paso es que puedas reconocer el chip del BIOS de la placa madre o del dispositivo que estés intentando reparar. Puede presentarse en varios formatos, pero el más común es en encapsulados del tipo **Sop8**. Se trata de componentes SMD con cuatro terminales en un costado y otras cuatro en el lado paralelo. Ten en cuenta que existen varios elementos electrónicos con el mismo encapsulado, por lo que es importante que te guíes con el esquemático y la numeración del integrado.

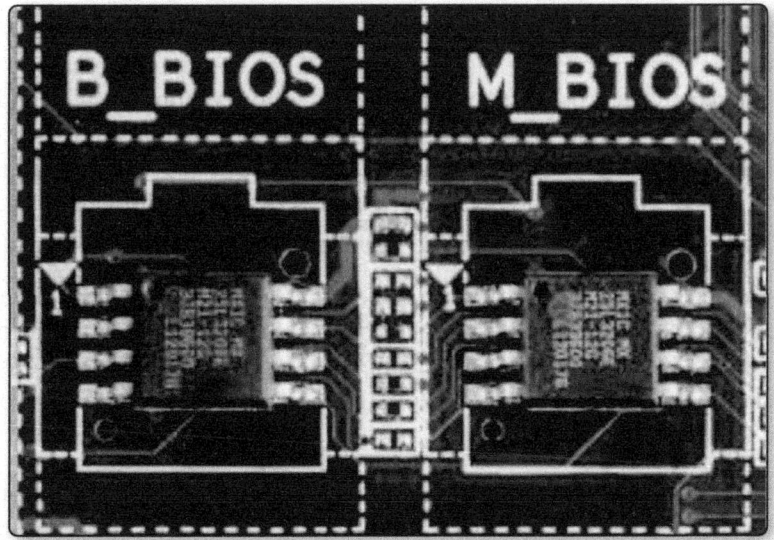

Figura 8.8. Una práctica común de los fabricantes de BIOS es poner un punto de pintura azul, rojo o blanco en una de las esquinas del chip para que sea más fácil reconocerlo a simple vista; también puede estar bajo una pegatina con el número de versión.

Todo este software está almacenado en un chip cuyo nombre suele empezar con 24 o 25 (por ejemplo, 24LC256). Los números al final indican los kilobytes de capacidad que tiene el chip; por ejemplo, en la serie 25 está el 25Q64FWSIG, con una capacidad de almacenamiento de 8 megas). Las memorias actuales son del tipo flash, que se programan en bloque.

Los BIOS pueden tener dos tipos de fallos, físicas y de software. En el primer caso, el chip puede dañarse por el derrame de un líquido que haya generado sulfato o corrosión en alguna de sus terminales, por lo que deberá ser reemplazado. También puede ocurrir que el chip no esté recibiendo los voltajes de trabajo correctos (suelen ser 3.3 V o 1.8 V, pero para estar seguro, consulta el datasheet del componente) o que, incluso, no reciba la señal del clock para funcionar. Los fallos de software, por su parte, pueden incluir que el BIOS se haya corrompido y deba ser regrabado con una versión sana.

Para revisar físicamente el funcionamiento del chip, el proceso es el mismo que para la revisión de los BIOS de las tarjetas de video ya explicados. Deberás utilizar un osciloscopio para ver si el chip mueve datos en el pin correspondiente, así como saber si se encuentra recibiendo el voltaje correcto. Piensa en la reprogramación del chip como última alternativa luego de descartar los posibles fallos anteriores.

Los síntomas de un fallo del BIOS suelen ser demoras en arrancar, reinicios del equipo, que el equipo encienda pero no dé video, o que comience un bucle de destellos blancos y negros. Ten en cuenta que estos síntomas pueden deberse a varios factores, por lo que es vital realizar un correcto diagnóstico para descartar otras posibilidades. Una situación muy frecuente es que alguien intente actualizar un BIOS y, luego, el equipo no arranque. En esos casos, puede ocurrir que se haya usado una imagen incorrecta del firmware o que este estuviera corrupto.

Si lo que se dañó fue el software, deberás buscar en la página del desarrollador o en sitios confiables el archivo del firmware y, con un programador, borrarlo y volver a cargarlo. Por el contrario, si lo que se dañó es el propio componente, consigue uno sano valiéndote del código, reemplázalo y, luego, bórralo si tiene algo programado y graba su versión correcta.

Para reprogramar un BIOS, deberás contar con un programador flash EPROM, que se conecta al puerto USB de la computadora y te permite trabajar con el chip. Hay muchos en el mercado con prestaciones y calidades muy diversas; algunos son software propietario con actualizaciones mensuales, y otros son muy básicos pero admiten casi cualquier software de uso. Antes de comprar uno, lo ideal es que analices bien el tipo de chip que intentas grabar y compres el programador que mejor se adapte a tus necesidades. Ten en cuenta también que existe una amplia gama de adaptadores que puedes utilizar para que tu programador pueda conectarse a cierto tipo de chip (**Figura 8.9.**).

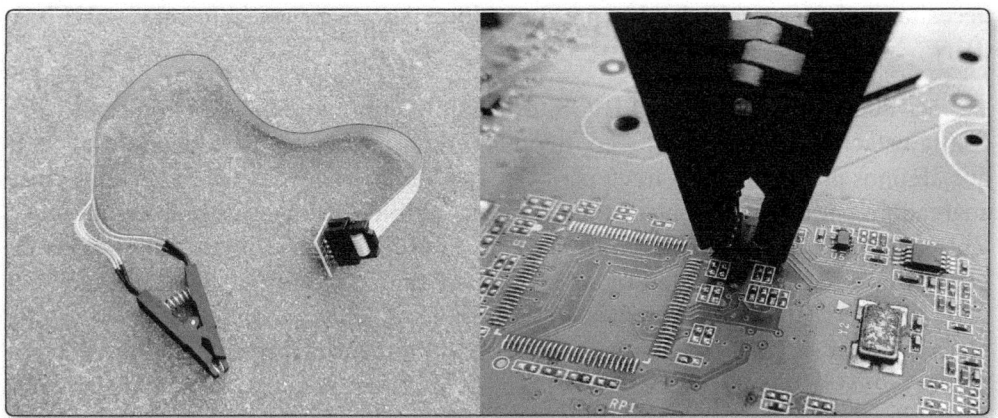

Figura 8.9.

Antes de manipular un chip, es importante que respetes la posición de las terminales. En los programadores encontrarás referencias al pin número 1, que puede ser un cable rojo dentro de otros de color gris, una muesca o un triángulo blanco serigrafiado en el PCB del programador. También en la soldadura del PCB, la terminal número 1 suele hacerse en forma cuadrada en vez de la clásica soldadura redonda. La misma característica deberás encontrar en el chip. Por lo general, estos tienen un punto en el encapsulado que marca la primera terminal.

Cuando utilices un programador para trabajar con un tipo de BIOS, también deberás contar con un software que soporte el chip que deseas grabar, ya que no todos los modelos son soportados por todos los programas del mercado. Otro aspecto para tener en cuenta es el voltaje de trabajo. Muchos programadores trabajan en el rango de los 2.5 a 5 V, mientras que muchos chips lo hacen a 1.8 V. Para estos casos deberás comprar un adaptador que reduce el voltaje de trabajo, porque de lo contrario dañarás el chip.

Es muy común que en los programadores, antes de comenzar a trabajar con un chip en particular, debas realizar una pequeña configuración para que este pueda manejar el chip en cuestión. En algunos casos, esta configuración se realiza mediante jumpers en el PCB del programador; luego, en el software de trabajo que uses es posible que también debas realizar alguna configuración para poder leer y grabar en el chip.

Aunque al principio creas que el firmware del BIOS está dañado, una buena práctica es realizar un respaldo antes de borrarlo. Para hacerlo, los programas de flasheo tienen una opción de lectura. Luego, simplemente guarda el archivo por si necesitas volver a grabarlo; los programadores suelen permitir formatos **.HEX** y **.BIN**.

Puedes reprogramar el BIOS de tu equipo removiéndolo de la placa madre con la estación de soldar y, luego, acoplándolo a un soporte o soldándolo al PCB que algunos programadores traen para este fin. También puedes valerte de una pinza adaptadora para no tener que desoldarlo y así también proteger de recalentamientos tanto a la placa madre como al propio chip. Si utilizas este método, ten cuidado de que la pinza haga contacto en todos los pines y que hayas respetado la posición del pin 1. Muchos BIOS son grabados en un formato de chip que puedes remover de la placa madre e insertar en un zócalo que el programador incluye para tal fin; estudia las posibilidades que te ofrece tanto el programador como el tipo de chip de la placa.

PASO 1

Identifica el BIOS de tu placa madre y revisa su tipo y estado. Si es removible, retíralo del zócalo con cuidado de no doblar sus terminales. Si notas algo de suciedad, utiliza alcohol isopropílico y un cepillo de dientes para limpiarlas. En caso de el BIOS esté soldado a la placa, puedes usar una pinza si tu programador la incluye, o recurrir a la estación de aire caliente para desoldarlo de la placa y volver a soldarlo en el programador.

PASO 2

Abre el software del programador y realiza los seteos necesarios para reconocer tu chip. Esto varía dependiendo del programa que utilices; en algunos el chip es reconocido en forma automática, pero en otros deberás seleccionar ciertos valores de una lista. Lo ideal es que te informes bien acerca de las capacidades de tu software así como de los datos del chip que deseas leer.

Realiza una lectura de la información del chip; por lo general puedes hacerlo desde un botón o menú que diga **Read**.

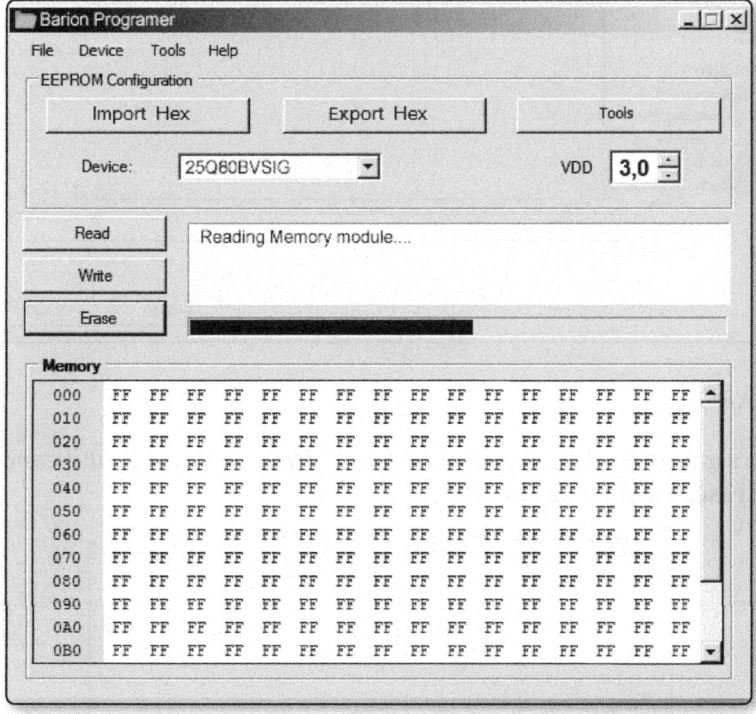

PASO 3

Una vez que hayas leído el contenido del chip, guárdalo en el disco duro a modo de respaldo. Para esto deberás buscar una opción en el software llamada **Save** o **Export**. Ponle un nombre al respaldo que te resulte significativo. Este archivo se conoce como Dump o volcado del BIOS.

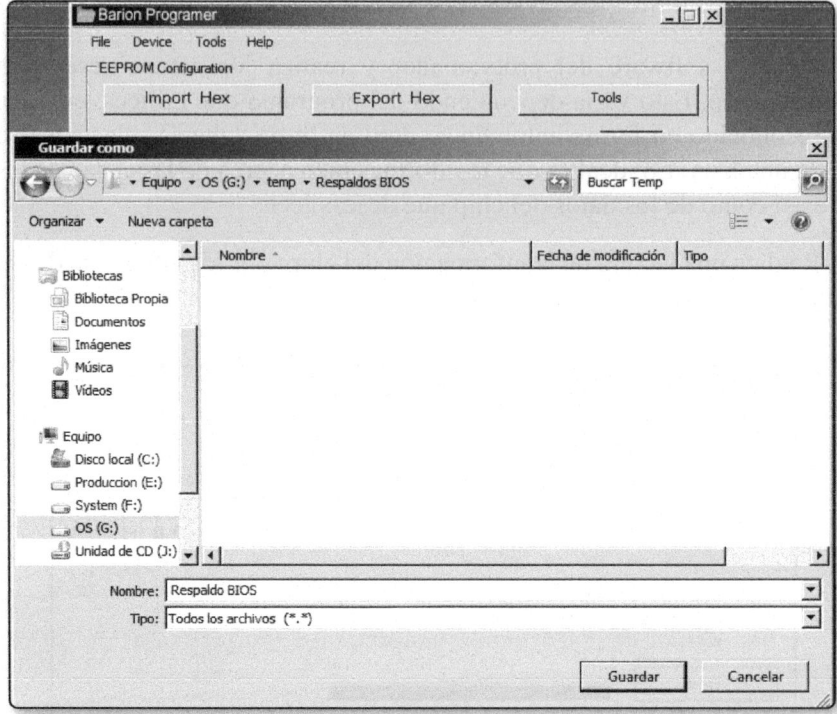

PASO 4

Para grabar en el chip, primero debes borrar su contenido, utilizando el botón **Delete** o **Erase**; espera a que el proceso finalice.

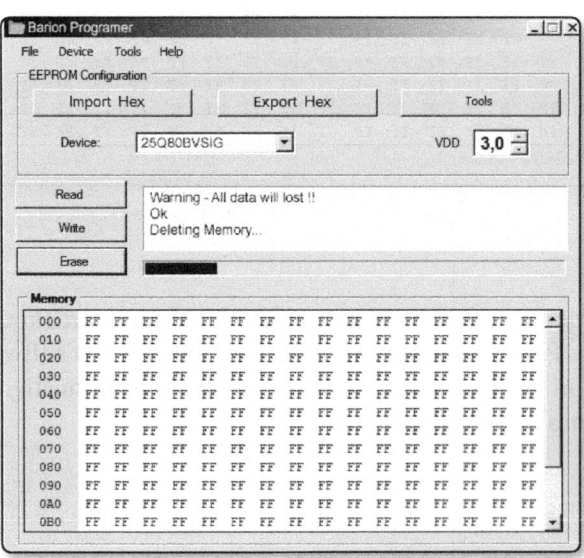

PASO 5

Utiliza el programa para abrir el archivo que contiene el firmware que deseas grabar en el chip. Recuerda, dentro de lo posible, conseguirlo en la web del fabricante, y respeta el modelo y revisión de la placa madre. Para abrir el archivo que vas a grabar, utiliza el botón **Open file** o **Import Hex**, presente en el software de grabación.

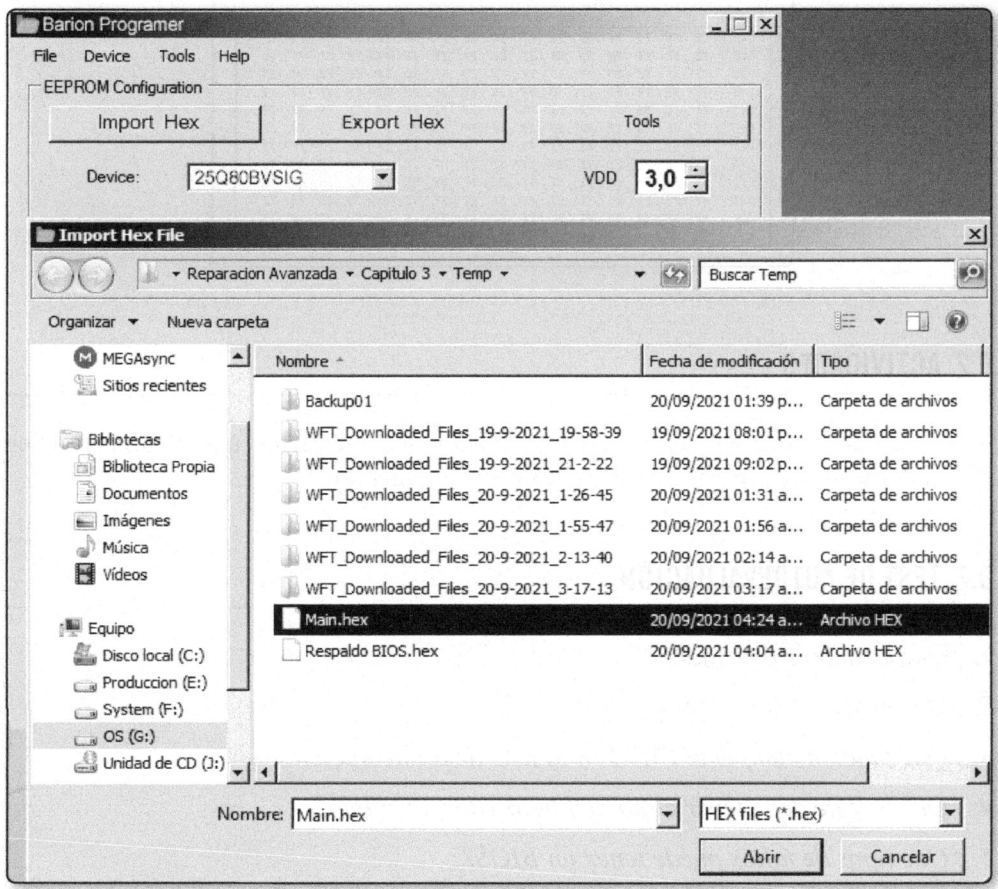

PASO 6

Graba el archivo en el chip mediante la opción **Write**; una barra te indicará el progreso de la grabación. Cuando finalice, vuelve a colocar el chip en la placa madre o desconecta la pinza si utilizaste este método y prueba el equipo.

8.2 ACTIVIDADES

A continuación verás las preguntas y los ejercicios que deberías saber responder y resolver para considerar aprendido el capítulo.

8.3 TEST DE AUTOEVALUACIÓN

1. ¿Qué es una fase virtual?

2. ¿Qué es y para qué sirve el VRM?

3. ¿Qué función cumple el PWM en la fase de alimentación?

4. ¿Qué voltaje debe tener el pin del botón de encendido?

5. ¿Qué tipos de fallos puede tener un BIOS?

8.4 EJERCICIOS PRÁCTICOS

1. Localiza el esquemático de tu placa madre y mide los voltajes que entrega en Stand By.

2. Identifica en tu placa madre el chip del BIOS y consigue el datasheet en Internet para conocer sus prestaciones.

GLOSARIO

▶ **5V_SB:** señal de un circuito electrónico que indica que posee 5 voltios y que es un voltaje Stand By, lo que significa que ese valor está presente al conectar el equipo aunque este no se encuentre encendido.

▶ **ATX** (*Advanced Technology eXtended*): especificación desarrollada por Intel en 1995 que define tanto el factor de forma como las principales características electrónicas de una computadora personal.

▶ **Boardview:** tipo de archivo que posee información general acerca de un dispositivo electrónico, PCB, señales, pistas, componentes y valores, etc.

▶ **Buck (conversor):** también llamado convertidor reductor o, simplemente, reductor, es un componente que entrega en su salida un voltaje menor que el de entrada.

▶ **Chipset:** circuito integrado responsable de controlar el flujo de datos entre el procesador, la RAM y demás periféricos.

▶ **Chip súper I/O:** circuito integrado cuya función es controlar dispositivos que trabajan a baja velocidad y con una baja tasa de transferencia de datos, así como las funciones de medición de temperatura, velocidad de los ventiladores, voltajes de la fuente de alimentación y de la CPU, encendido y Reset, entre otras.

▶ **EC:** también llamado controlador embebido o BIOS EC, es un microcontrolador muy utilizado en equipos para manejar las entradas y salidas de energía, donde la autonomía es importante.

▶ **Molex (conector):** realmente conocido como Molex 8981 Series, es el conector utilizado por los primeros discos duros mecánicos, ahora obsoleto, pero que aún se mantiene en las fuentes de poder por motivos de compatibilidad.

▼ **Optoacoplador:** dispositivo electrónico de emisión y recepción que funciona como interruptor accionado mediante luz emitida por un diodo led; combina en su interior un fotoemisor, un semiconductor y un fotorreceptor.

▼ **P_ON** (Power On): pin que lleva la alimentación a la placa madre; al ser puenteado con Ground, el equipo enciende.

▼ **PWM:** modulación por ancho de pulsos, se utiliza, entre otras cosas, para transmitir información en una misma línea cambiando el ancho de los pulsos.

▼ **Regulador lineal**: tipo de regulador basado en un elemento activo (como un transistor bipolar o uno de efecto de campo), que opera en su zona lineal, a diferencia de los reguladores conmutados.

▼ **ResumeReset:** señal utilizada para iniciar un integrado, como puede ser el procesador o la GPU al momento del arranque.

▼ **Riser:** circuito impreso que se conecta a la placa madre y se utiliza para extender y reubicar las ranuras de expansión PCIe. Es muy usado en minería o para la reparación de tarjetas gráficas.

▼ **SATA:** Serial ATA (*Serial Advanced Technology Attachment*) es una interfaz de transferencia de datos en serie entre la placa madre y algunos dispositivos de almacenamiento, como discos duros, entre otros.

▼ **Sop8:** tipo de componente que debe su nombre a tener dos hileras paralelas de 4 pines cada una; es un tipo de encapsulado SMD diseñado para ser soldado a la PCB.

▼ **TL494 (circuito de control)**: circuito integrado de control de modulación de ancho de pulso (PWM) que integra los bloques de construcción para el diseño de una fuente conmutada.

▼ **Varistor:** (variable resistor) componente electrónico con la peculiaridad de que su resistencia óhmica disminuye cuando aumenta a tensión eléctrica que recibe. Posee un tiempo de respuesta rápido y es muy usado como limitador de picos de voltaje.

▼ **VRAM:** tipo de memoria RAM que utilizan las tarjetas de video, optimizada para el funcionamiento en esta clase de dispositivos.

SÍGUENOS EN INSTAGRAM Y ACCEDE GRATIS A NUESTRA BIBLIOTECA DIGITAL DURANTE 30 DÍAS.

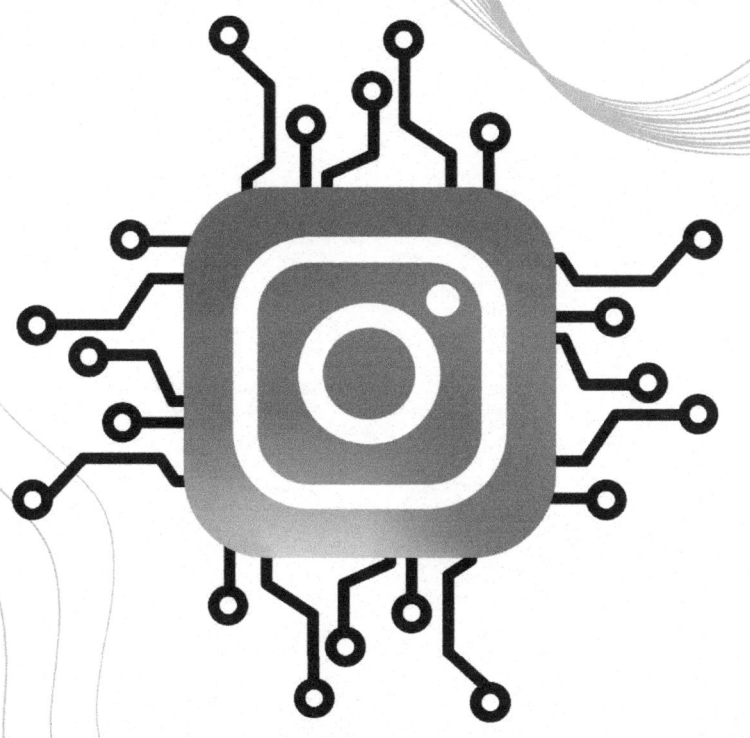

@grupoeditorialrama

¡ENVIANOS TU MAIL POR PRIVADO!

 Grupo Editorial
ra-ma 40 ANIVERSARIO